Start a business

手把手教你创业

创业策划

给你一家企业能赚钱吗

魏 星 ◎ 编著

中华工商联合出版社

图书在版编目(CIP)数据

创业策划：给你一家企业能赚钱吗 / 魏星著. --北京：中华工商联合出版社，2020.12
ISBN 978-7-5158-2938-8

Ⅰ.①创… Ⅱ.①魏… Ⅲ.①创业－通俗读物 Ⅳ.①F241.4-49

中国版本图书馆CIP数据核字（2020）第 227405 号

创业策划：给你一家企业能赚钱吗

编　　著：	魏　星
出 品 人：	刘　刚
责任编辑：	李　瑛　李红霞
排版设计：	水日方设计
责任审读：	付德华
责任印制：	迈致红
出版发行：	中华工商联合出版社有限责任公司
印　　刷：	北京毅峰迅捷印刷有限公司
版　　次：	2023 年 3 月第 1 版
印　　次：	2023 年 3 月第 1 次印刷
开　　本：	710mm×1020mm　1/16
字　　数：	200 千字
印　　张：	13.75
书　　号：	ISBN 978-7-5158-2938-8
定　　价：	58.00 元

服务热线：010－58301130－0（前台）
销售热线：010－58302977（网店部）
　　　　　010－58302166（门店部）
　　　　　010－58302837（馆配部、新媒体部）
　　　　　010－58302813（团购部）
地址邮编：北京市西城区西环广场 A 座
　　　　　19－20 层，100044
http://www.chgslcbs.cn
投稿热线：010－58302907（总编室）
投稿邮箱：1621239583@qq.com

工商联版图书
版权所有　侵权必究

凡本社图书出现印装质量问题，请与印务部联系。

联系电话：010－58302915

前言
PREFACE

一

在人皆言"创业"的今天，似乎除了一部分人在创业，剩下的都坚信自己在"通往创业的路上"。

不必等到腰缠万贯再去创业，"万贯"不是创业的前提，而是创业的结果。如果我们仔细梳理中国当下的创业成功者，就会发现：他们绝大多数的起点都很低。二十多年前，马云还是一个靠打工为生的年轻人，在北京一间20平方米的小房间里没日没夜地干活；二十多年前，40岁的牛根生被公司炒了鱿鱼，因为年纪偏大，他郁闷地在各个人才市场转悠……

二十多年后，他们都成了企业界呼风唤雨响当当的人物。马云再也不用背着个书包，出入各个写字楼和保安打游击，落寞地推销企业黄页了。牛根生考虑的不再是工作问题，他除了考虑企业的宏观问题外，更关心的是如何更好地利用自己的巨额财产。

昨天你在哪里不要紧，要紧的是今天你在做什么——今天你的所有选择、努力，决定了明天的你在何处。

二

2014年1月3日，徐小平发了一条微博：

"元旦跟一老友全家聚会。他儿子美国刚读完博士回国，正在为去政府、银行、学术机构之间徘徊。我竭力鼓励他去小企业、微企业、零企业——因为这些企业发展和展示机会更多。老友很困惑。我说：我跟你三十年的朋友了，未来三十年你会为此感谢我。最优秀人才的职业选择，已经不可逆转地指向了创新、创业企业。"

徐小平是新东方的创始人之一，现在是手握重金的天使投资人，对于创业有着亲身体验与敏锐触觉，是一个睿智的创业投资专家。从他的这条微博里可以看出对小微企业的钟情。

三

大部分小微企业的创立，仅仅是源于创业者的一个创业点子。有了点子就马上动手投入创业，没有客观的市场调查，亦无详细的融资方案，更谈不上具体的商业计划书。如此仓促创立的企业，绝大部分会在三年内倒闭。

那么，当我们付出真金白银、时间精力，全身心地投入创业时，究竟该怎么样去选择适合自己的行业与项目呢？

一笔启动资金，加上一个绝佳的商业点子，并不代表创业能够成功。创业是一场有关胆识、智慧、情商加上执行力的综合考验，一个优秀的创业者心理要装着整个项目，要熟悉项目里每一个构成元素，并且能够战略规划、统筹调配、自由驾驭，均衡内部关系，使之达到一个最具战斗力的状态。总而言之，创业需要科学而又完备的策划。

本书从创业者的实际情况出发，结合小微企业真实案例，围绕创业所需条件进行讨论，深入研讨创业过程中存在的问题，并且提出了解决方案。全书分为九章，涵盖了小微企业起步阶段的方方面面，希望能帮助创业中以及将要创业的朋友解决一些实际问题。

在写作本书期间，笔者在多个城市做了调研，结识了一批小微企业创业者，听他们谈梦想、讲经历，深感创业不易。琐碎、迷惘、枯燥、乏味、重复……创业如负大山、如履薄冰，让创业者的内心备受煎熬。尽管很苦，但鲜有人后悔当初的选择。

CONTENTS / 目 录

第一章
商机在哪里

站在风口上 / 002

寻找市场缝隙 / 005

抱怨中有商机 / 007

有思考就有收获 / 010

因势利导好创业 / 012

你有独门绝技吗 / 014

银发市场商机乍现 / 017

农村创业，机会多多 / 020

选择项目时宁缺毋滥 / 024

罗敬宇的创业启示 / 025

第二章
创业要赢，调研先行

创业行业评估 / 030

区分真假需求 / 033

修正创业方向 / 036

调查问卷的设计 / 038

摸清竞争对手 / 040

做好市场细分 / 043

SWOT分析法 / 045

留心企业景气指数 / 047

如何写创业计划书 / 048

第三章
资金的筹措与运用

预估资金需求量 / 056

如何解决资金缺口 / 058

牵手天使投资 / 061

现在流行众筹 / 063

永远别碰高利贷 / 066

财务上公私分明 / 068

计算损益平衡点 / 070

节省每一分创业资金 / 073

看得懂三大财务报表 / 077

八招管好现金流量 / 079

第四章
微企创办实务

选择企业形式 / 084

关于合伙的忠告 / 088

女人创业的优势与劣势 / 091

大学生最好先就业 / 095

第五章
战略决定生死

小微企业如何定战略 / 100

盯住一只拼命追 / 103

科学决策四部曲 / 106

商业模式的魔力 / 110

找棵大树好乘凉 / 114

做只聪明的"小猪" / 118

不妨先做试验田 / 122

第六章
建班子、带队伍

创业团队之5P / 126

建立组织机构 / 128

如何选聘人才 / 130

建立团队愿景 / 133

运用好奖惩激励 / 134

打好感情牌 / 138

让组织保持快乐 / 140

家族式企业的管理 / 142

如何防止人才流失 / 145

第七章
稳步打开局面

运用目标管理 / 150

自己跑销售 / 152

集中兵力重点突破 / 155

异业合作，打造双赢 / 158

必须借力互联网 / 160

QQ群主的生意经 / 162

乘着微信的翅膀 / 164

第八章
成功都是熬出来的

沉下心来赚第一桶金 / 168

睡得地板，当得老板 / 171

方法总比问题多 / 174

发展一定要稳中求进 / 177

不要理会那些说风凉话的人 / 182

第九章
创业者自我提升

创业者的必备素质 / 186

小微企业主的五张脸谱 / 191

卓越领导需要高情商 / 193

创业家都会讲故事 / 195

管理好时间，提升做事效率 / 200

实现个人的可持续性发展 / 204

通过自省保持头脑清醒 / 206

CHAPTER 1

第一章

商机在哪里

未来的不确定性,能不断给你提供新的机会。

——刘永行

说到创业，最令人困惑的莫过于：商机在哪里？

很多时候，我们都是在等到别人成就辉煌时才蓦然发觉：原来做域名生意那么赚钱！原来在网上销售新疆大枣、白酒，那么有利可图！原来打理好一个微博也可以致富……

而当你发觉时，商机这盘黄花菜已经凉了。他们是如何在众人未察觉之时领先一步？他们能未卜先知，还是误打误撞？

站在风口上

小米科技创始人雷军说过："站在风口上，猪都能飞起来！"他说的意思是做生意要顺势而为。人作为社会中的一分子，力量之渺小，犹如大海中的一滴水珠。社会发展的潮流，以它无法抗拒的力量裹挟着每一个人前进，个人只有努力调整自己的方向去适应潮流，方能在自己有限的人生里掀起几朵漂亮的浪花。因此，我们在寻找创业商机时，一定要将社会发展的大势纳入考量的重点。

20世纪90年代初，一股出国热在国内兴起。在北大教英语的俞敏洪发现了这一商机，由此诞生了新东方。20世纪90年代末，在美国硅谷工作的李彦宏回国进行考察，发现大家的名片开始印上电子邮件（E-Mail）地址了，街上有人穿印着".com"的T恤了，于是果断辞去高薪工作回国创业。伴随千禧年的钟声敲响——2000年1月1日，百度正式诞生。

我的外甥李子健，2004年大专毕业后去深圳打工。在工厂里做了三个月后辞职，找了一家房地产中介当业务员。干了不到两月，就因为业绩不佳而"被辞职"。他不死心，又找了一家中介当业务员。这次还是没有干多久，他又不得不找了第三家中介。

几番"跳槽"后，在工作中他得到了学习与成长，2005年他终于在深圳一家房地产公司站稳脚跟，当年的收入抵得上在工厂做十年。2007年11月，因为公司老板跑路，李子健失业了。他又找了另一家中介，继续做业务员。2009年春节后，李子健辞职创业，成立了自己的地产中介。

我曾问李子健：你为什么认定了房地产中介这个职业？李子健是这么回答我的："我看好这个行业"。我又问："2007年年底你的老板跑路，你没有创业，为什么在2009年年初你才选择创业？"李子健回答："我到2008年年底才看清房地产的走向。"

现在，30岁出头的他已经在深圳站住脚跟。

纵观活跃在商界的各个大富豪，谁不是顺应时势的弄潮儿？改革开放以来，大多数人经历了三次致富的绝佳机会，但因此而致富的只是极少数。多数人是如何失去机会的呢？第一次是20世纪80年代中期的下海经商，因为摆脱不了过去"投机倒把罪"的阴影，或者摆脱不了传统重工轻商的思想，以及对于经商前途不看好，大多数人都错过了；第二次是20世纪90年代初期的股票资本市场放开，认为是"资本主义"的糟粕或其他原因而错过；第三次是21世纪初期至今的房地产，在一路飙升中总是充满怀疑而错过。

假如你也错过了这些"风口"，不要紧，机会永远存在。太阳每一天都是新的。在日益健全而又成熟的市场经济秩序下，市场犹如一局局简单明了而又变化万千的棋局，局局如新。你只需要做到如下三点，就能更清楚地触摸到大势的脉搏。

第一，留心国际形势。别以为不做外贸业务，就可以不关注国际形势。在经济全球化的框架之下，借信息与物流技术的高速发展，国内的经济与国际环境变得越来越紧密。

第二，关注政府政策。政府在政策上鼓励发展什么，限制发展什么，淘汰什么，对创业成败的影响极大。顺着政策鼓励的方向努力会事半功倍，反之则事倍功半。

第三，洞悉行业发展趋势。对有意进入或所在的行业信息，应该下大功夫收集、整理与分析。当今社会各种高新技术层出不穷，每一项新科技的出现，都有可能导致一场行业大洗牌。

进入一个夕阳行业，等于一头扎进了死胡同。而你若处于一个夕阳行业，就要及早为自己谋划好退路。即使是处于一个朝阳行业，也同样要了解行业里的发展趋势，及时提升自己的竞争力，做到利益最大化。

天下潮流，浩浩荡荡，顺势者昌，逆势者亡。无论是做大生意还是做小买卖，在大势面前都不能独善其身。形势赐予我们的机遇往往是决定性的成功因素。一个人纵然有通天本领，如果不能顺势借力、发力，也不可能有大的作为。

好的形势犹如东风，此时乘势而行就犹如顺风扬帆，可以事半功倍。所以，摸准大势的脉搏，踩对大势的节拍，定能在创业路上势在必得、势如破竹，轻松而又实在地做到事业有成。

寻找市场缝隙

竞技场上，一群壮汉把一个上场向他们挑战的勇士打成重伤，倒地不起。同时，他们还把一个个想上前来拯救勇士的人打跑，或是打倒。一直到地上的勇士由于失血过多而死去后，壮汉们才转向另一个目标。

上面这个场景曾在古罗马的竞技场经常上演，在今天的体育馆里却看不见了。但是，在今天的商场上，类似的竞技却屡见不鲜。作为后起之秀的创业者，从经验到实力都与竞技场上的"壮汉们"相差甚远，如何才能赢得自己的一席之地？

在网络纸箱包装行业，1987年出生的王佳荣拥有一个响当当的称号——"纸箱男"。

2008年，在义乌工商学院读大一的王佳荣，看身边的学长与同学开网店赚钱，也想从中分一杯羹。王佳荣认为杭州的丝绸名声在外，放在网上应该好卖，于是跟其他三个同学一起凑了2 000元，合伙开了一家卖丝绸的网店。网店上线两个月也没有成交一单，只好宣布关张。

郁闷中，王佳荣注意到同学们无论是卖化妆品、卖饰品还是卖别的东西，都需要用纸箱，但是周围却没有人卖纸箱。很快，王佳荣的网店又开了起来，这次卖的是网店发货用的纸箱。

首先开发的客户是校园里的学生店主。学校里做淘宝生意的同学非常多，对于纸箱的需求量很大，而当时学校里只有王佳荣一家是卖纸箱的。对校园里的客户，王佳荣打出的口号是"10分钟内送到"。这种快速的发货方式无疑让校园里的客户无比欢喜，因此他的网店开张第一天就卖了几十只纸箱。

王佳荣的店铺就这样起步了，不到两个月就开始盈利。然后，他又将业务范围扩大到封口胶带、气泡膜、记号笔，只要是卖家们需要的包装工具，他都顺带做了起来。销售的范围也逐渐从校园扩展到校外。

站稳脚跟后，王佳荣马上就推出了纸箱定制业务，将客户所需要的文字与图案印刷在纸箱上。接着，他将纸箱的强度做了大幅度提升，一改昔日网店纸箱容易挤压变形的痼疾。

一系列改进与变革下来，2013年，王佳荣开办的"亮程旗舰店"年销售额高达2 000万元。

梦想是伟大的，誓言是火热的，但现实往往是残酷的。如何在市场的擂台上周旋、竞技，是有志创业的人所必须思考的问题。市场总有"缝隙"存在，一些不起眼的生意中蕴含着巨大的机会。

《在空白处创业》一书中提出：每位未来的企业老板都会问自己——"采取什么措施才能让我的企业不至于倒闭呢？"然后，作者给出的答案是：在很多情况下，这个问题的最佳答案是——"寻找一个可以营利的缝隙。"

创业者要把重点放在一个较小的、服务不足的市场上，并且把一种独特的、较好的产品或服务带入这个市场中，而这就是我们所说的缝隙。当你在缝隙中做精做透后，其回报也会很可观，因为你面对的是一个竞争烈度低的市场，绕开了无端的恶性竞争。

就像王佳荣卖纸箱，先是在校园内他是独家经营，10分钟到货，很容易就能站稳脚跟。然后开发个性化纸箱，并在纸箱质量上下功夫，很快就赢得了市场的认可。

创立于2002年的如家，现在是中国较大的经济型连锁酒店。在看似饱和的酒店市场中，创始人季琦从高档宾馆和低档旅馆中捕捉到了缝隙，开拓出自己的商业版图。高档宾馆服务质量与卫生条件好,但价格贵;低档旅馆价格便宜,但服务质量与卫生条件差。

季琦创立的如家就介于这两者之间:服务质量与卫生条件较好,价格较便宜。围绕着这一点,如家精简了大型宾馆的大厅、餐厅、桑拿、KTV 等空间和服务,将重点放在床品、电视、空调、高速网络接口与卫生上。果然,如家一炮打响,很快就在美国的纳斯达克上市了。

季琦曾这样比喻商机:"一个堆满了大石块的玻璃瓶,看起来似乎已经没有空间,实际上大石块的空隙之间,还可以容纳一堆小石子;随后,在小石子的缝隙里,你还能继续填满细沙。"

抱怨中有商机

在一次互动节目中,有人问地产大亨潘石屹:"我想创业,但是不知道做什么项目好?"

潘石屹这样回答:"创业做生意没有什么更复杂的东西,我的判断是,你到一个城市去,如果某一个行业服务质量最差,产品质量最差,没有任何效率可言,这个行业就包含着很大的创业机会。正因为它差,这个社会和城市才会需要变化。"

市场上真的找不到机会了吗?消费者的需求被完全满足了吗?满足的程度如何呢?可以肯定,谁也不敢说没问题。消费者的心总是很难真正被满足的,市场中不断出现抱怨就很能说明问题。

老板们自己做消费者时不是也经常抱怨吗?这说明,市场上的现有产品并没有让消费者完全满意,到处存在着没有得到充分满足的需求。就像一个人只吃了个半饱,或吃饱了却没吃好。

李兴平，出生于1979年，老家在广东兴宁县的偏僻农村。他只念完初中，就开始打工生涯。1999年，网络在中国逐渐普及，刚学会上网的李兴平在兴宁县的一个网吧找了份网管工作。

因为互联网刚刚开始流行，不少网民根本记不住英文字母的网址。不少来网吧的人对上网摸不着门道，难免怨言不断。文化程度不高的李兴平也记不全那些常用网址，于是他设计了一个个人网页，把常用网站搜集在一起，并和它们建立链接。当下次上网时，他就很方便地直接进入这些常用网站。

这就是至今仍有上千万人设为首页的"hao123"的雏形，一开始叫"网址大全"（后改名为"网址之家"）。2000年6月，网址之家已基本成型。对于那些记不住网址，甚至不知道地址栏为何物的新手来说，网址之家帮他们解决了大问题：只要把网址之家设置为首页，打开浏览器就可以看到国内各方面最出名的网站的名字，一目了然，点击即可进入。

网站一上线就大受欢迎。随着流量增大，广告也随之而来。"最初的一笔广告费大概是几百元吧，后来每月收入有一千多元，逐步到四五千元，在2001年底达到了几万元，到2003年、2004年，每个月的收入稳定在80万元左右。"李兴平回忆说。

2004年，百度以1 190万元人民币及4万股股票收购了网址之家。一个出生于农村的初中生，一个每月工资不过几百元的网管，短短三四年就成了一个千万级的"富豪"。而这一切，仅仅是源于他细心地从顾客的抱怨中发现了商机。

不要老梦想着寻找市场空白点。那些你所看见的空白市场，看似是一个金矿，实际上更大的可能是一个陷阱。在人皆言创业的时代，每年都有数以百万、千万计的创业者在寻找着各种机会，你看见的别人十有八九也看见过，之所以目前看似"空白"，更大的可能是从事这个领域（项目）的都没能存活下来。

所以，当我们遇到空白市场和空白领域的时候，首先不要盲目高兴，应当对其中的空白原因进行深入分析，看看是从来没有人涉足过，还是不断有人尝试过，但总是遭遇失败。如果是后者，你要分析别人失败的症结是不是自己能解决的。

发现一个有抱怨的市场，或一个质量有很大提升空间的市场，或一个效率有很大提高空间的市场，而你有能力通过改变，让其变得更优秀，那么这个市场或行业就是最适合你去创业的商机。从这个意义上说，不是没有商机，而是缺少发现商机的眼睛和方法。

十多年前，有个叫刘玉芬的打工妹陪朋友逛电脑城，无意中听到几位顾客在抱怨鼠标垫："丑死了，为什么不进一些样式好看点的呢？"

言者无意，听者有心。刘玉芬当即将整个电脑城的鼠标垫调查了一遍，发现所有的鼠标垫都做工粗糙，花样单一。于是，她决定开发以"美丽时尚"为主题的个性化鼠标垫。

从一对卡通接吻鱼开始，刘玉芬委托加工的鼠标垫很快就打开了市场。她开发的中国元素的鼠标垫，甚至漂洋过海，畅销欧美。才两年时间，24岁的刘玉芬就赚了差不多200万元。

刘玉芬的创业历程再一次告诉我们：哪里有抱怨，哪里就有商机；抱怨越多，商机越大。

有思考就有收获

面对那些司空见惯的事物，只要你细细思考，也许其中就藏着赚钱的商机。

张庆杰出生在汕头市潮阳县一个偏僻的乡村。他只读完了小学，就弃学帮父母摆摊卖水果。19岁那年，他跟随村里的人踏上了去深圳的火车。

张庆杰到了深圳，人生地不熟，做什么呢？他左思右想，觉得只有先做老本行了。于是，他花20元买了一辆破烂的单车，凌晨5点起骑三个小时，从南头拿香蕉到人民桥小商品市场去卖。这样忙碌了一个月，只赚了一百多元钱，刚够交房租。

卖水果的生意赚不到钱，但也得去做。张庆杰在卖水果之余，处处留心，希望能找到一条赚钱的门道。一次，他从潮州老乡的聊天中，听到一条这样的信息：深圳有很多当地村民到香港种菜，每天都会捎回一些味精、无花果等时髦商品，在深圳很好卖，利润也不错。

老乡是说者无意，张庆杰却是听者有心。张庆杰敏锐地感觉到这是一个赚钱的机会。他不再卖香蕉，而是做起了"港货"生意：骑单车到周边村庄里，挨家挨户收购村民从香港捎回的无花果、袜子、西裤等商品，然后又赶紧骑到小商品市场去卖给城里人。张庆杰的"港货"生意好得出奇，到了年底，他居然赚到了16 000元！

踩着单车贩卖小商品的张庆杰，一不小心成了万元户。他没有陶醉在自己的成就之中，而是不停地为自己寻找商机。很快，他就发现了一个商机：卖服装。

张庆杰在人民桥小商品市场当流动商贩，发现收购港货天天来回跑，还不如在市场内租一个地摊卖服装的人赚钱多。一开始张庆杰找不到摊位，后来和一个卖眼镜的店主软磨硬泡了一个星期，店主终于答应以400元／月的价格，将一块不足半平方米、刚够摆一个河北鸭梨纸箱子的地方租给他。

张庆杰在地摊上放个纸箱，纸箱上面放两叠裤子，开始了练摊生涯。头脑灵活的他早就通过观察，知道款式时髦的西裤是市场上走货最快的商品之一，就大量地购进这种西裤，结果生意相当火爆。

商人永远都在观察、思考商机。练摊几年后，张庆杰有了比较充足的本钱，他又开起了服装店，并且从一家开始，开到了十多家。1997年，看到珠宝和小家电的生意很好做，很多到深圳的游客都喜欢到沙头角买黄金项链等商品，于是，张庆杰便在沙头角做起了珠宝生意。

2000年，他在南山找到一块约两万平方米的地块，本想做百货超市，但那时南山大批楼盘都还没建起来，显得很荒凉、没人气，不适合做超市，其他行业又不太熟悉。"最后，我们调查了一下，发现南山还没有一个大型建材市场，周围又有大量楼盘在建，觉得建材市场应该很有潜力，于是干脆决定自己做建材超市。"

"到处都有商机，但是要去研究才能捕捉到。"这是张庆杰多年来总结的另外一条生意经。我们大多数人都有一双勤劳的手，而真正致富的却很少。其关键原因在于：大多数人没有张庆杰们那样敏锐的眼睛与智慧的头脑。

用心思考，才能从平常中发现不平常的商机。要想在平常之处见真金，凡事需多问自己：这中间有什么需求吗？或者，有可以改变与利用之处吗？有思考就有收获，有创意就有商机。

因势利导好创业

《史记·孙子吴起列传》云："善战者因其势而利导之。"说的是善于用兵作战的人总是顺着时势的发展趋势，从有利的方面去引导。无论做什么事，如果我们都能因势利导，这样办起事来则事半功倍。

创业如同打仗，也需要因势利导。贵州知名品牌"老干妈"，出自一个大字不识的农村妇女陶华碧之手。她是如何打造出这个响当当的企业呢？

1947年，陶华碧出生于贵州省湄潭县一个偏僻的小山村。由于家里贫穷，陶华碧从小到大没读过一天书。1967年，20岁的陶华碧嫁给了一名地质队员。没过几年，丈夫就因病去世了。二十多岁的陶华碧，从此与两个孩子相依为命。

为了养活孩子和自己，陶华碧做过苦力、摆过地摊。多年的辛勤奔波加省吃俭用，陶华碧积攒了两千元钱。1989年，42岁的陶华碧用这些钱，在贵阳市南明区龙洞堡的一条街边开了一家"实惠餐厅"，专卖凉粉和冷面。

陶华碧的餐厅生意很好。就像现在很多卖米粉、凉粉、面条、饺子之类的餐馆一样，陶华碧的餐馆里也有供顾客自己取用的调味品。

陶华碧制作的调味品有豆豉辣椒酱、香辣菜等。陶华碧一开始也不明白自己的餐馆为什么生意会比其他人红火，直到有一次一个客人用餐后要求买些豆豉辣椒酱带回去，她才知道原来自己做的调味品很受顾客欢迎，从而带动了餐厅的生意。

见自己制作的豆豉辣椒酱有人这么喜欢，陶华碧心里很高兴。这事给她的触动很大，她决心把辣椒酱做得更好，一则可以带动餐馆的生意，二则可以出售辣椒酱赚点钱。经过反复试制，她制作的麻辣酱风味更加独特了。

很多客人吃完凉粉后，又掏出钱来买一点辣椒酱带回去，甚至有人不吃凉粉却专门来买她的辣椒酱。这样，陶华碧的餐馆的利润要比以前多了一倍以上。后来，她的辣椒酱越卖越好，餐厅生意却越来越差。陶华碧心里纳闷了：难道别的同行用了什么高招了？

有一天，陶华碧偷偷地走访了附近的十多家卖凉粉的餐馆和食摊，发现人家的生意都比先前红火。原来，他们托人在自己手里买了大量的辣椒酱，放在店里供顾客食用。这样，陶华碧餐厅里的特色就不再是特色了，大家都有这种辣椒酱，顾客也就没必要蜂拥到陶华碧的餐厅里来了。

真是教会徒弟饿死师傅，陶华碧对于现状显然感到懊悔。第二天，她再也不卖辣椒酱了。结果，这招釜底抽薪的办法，把那些买不到麻辣酱的餐厅老板们给急坏了。老板们纷纷来求她，并半开玩笑地说："你既然能做出这么好的辣椒酱，还卖什么凉粉？干脆专门卖辣椒酱算了！"

陶华碧听了这话，心里一动：是呀，有这么多人爱吃我的麻辣酱，我还卖什么凉粉？趁机开家辣酱加工厂，销路不愁，不是很好吗？

1996年7月，陶华碧租了两间厂房，招聘了40名工人，办起了食品加工厂，专门生产麻辣酱，定名为"老干妈麻辣酱"。

办厂之初，陶华碧工厂的辣椒酱主要供应当地的凉粉店。为了扩大销路，陶华碧背着麻辣酱到各食品商店和单位食堂进行试销。不怕不识货，就怕货比货。用过的人都说好，销路很快就上来了。不久，"老干妈"的名号就在贵阳打响。

经过一年的经营，"老干妈"在贵阳市稳稳地站住了脚。这时，陶华碧对市场与产品已经完全心里有数。于是，在1997年9月，她"趁热打铁"，把作坊式的工厂办成公司，扩大规模，将目光对准了整个贵州。经过不到两年的推广，"老干妈"在贵州稳稳地占据调味品市场的前三名。陶华碧乘胜追击,又在全国攻城略地,一举成为全国知名的品牌。

陶华碧的"老干妈"自创立以来,总体上还是一帆风顺的(一些小的磕绊当然少不了)。陶华碧连写自己的名字也是办企业后学会的。她将一个作坊在短时间内变成大企业,这似乎不太符合常理。

但仔细想想,"老干妈"的成功又是情理之中,因为陶华碧的创业是"因势利导"。当初工厂还未开办,就有"顾客"极力怂恿、持币待购,陶华碧所要做的只是顺势而为,创立工厂满足需求。后来的不断扩产,将生意做大,也没有丝毫强行起飞的痕迹,一切都那么自然而然。

这样的创业,可谓因势利导、水到渠成。如果你有幸遇上这种"势",千万别放过——这是商机在敲你的门。

你有独门绝技吗

江湖是如此广阔,你凭什么行侠仗义?商场是如此凶险,你靠什么立足生存?靠的就是独门绝技在手。这样,你走遍天下都不吃亏,闯荡商场也无所畏惧。

1996年8月,在老家做生意失败的张军孤身一人来到广州,找到了当时在广州的哥哥。在他没有拿定主意做什么的时候,哥哥提醒他说:"以前老爹做的菜挺好的呀,不如拿出一两道菜出来试试。"张军想起了父亲以前做过的羊肉煲,那味道的确非同一般,于是,决定试试在广州卖羊肉煲。

仓促筹备后,他的羊肉煲店终于营业了。很快他却发现广州人什么都吃,就是不怎么吃羊肉,因为膻味重。

但是，这难不倒张军。他拿出了老爹的绝活。通过加上当归、玉竹等中药材，再加上一些按比例调制的特殊配料，去除了羊肉的膻味，吃了还不上火。《广州日报》一个老记者的到来彻底坚定了他做羊肉煲的信念。这个老记者品尝后改变了她20年不吃羊肉的习惯。一时间，爱喝汤的广州人都来到张军的店里专门吃羊肉煲了。短短一个月时间，他竟然实现了三十多万元的营业额。

不久，很多香港明星都来捧场了。张军抓住了这个难得的机会，开始为自己做宣传。借助明星的人气，张军和他的羊肉煲很快传开了，东南亚一带的人也慕名来吃。

看到张军的羊肉煲店生意火爆，不少人找他要加盟。他每开一家分店，都将配方中最特殊的部分碾成粉末，按一定比例调配过去。靠着一个羊肉煲配方，张军不但在广州，而且在深圳、珠海等城市有了分店。

江湖上的独门绝技一招制敌，商场上的绝招一枝独秀。这些绝技有的是祖辈流传下来的，有的是通过学艺和自己的创新改良得到的。因为独一无二，所以其他人即便模仿，也只能是依样画葫芦，在表面上做文章，根本的秘密永远学不到。

卖包子的店铺满大街都是，一般来说都只是赚点辛苦的小钱。绍兴的陈庆松不同，他靠小笼包赚了几千万。陈庆松的"汤包馆"与别人做汤包的方法不一样。一是用没经过发酵的实面代替没有韧劲的发面做汤包的外皮，让汤包立起来，好夹；二是用高筋面粉代替普通面粉，让汤包白起来，好看；三是用猪的夹缝肉代替五花肉，让汤包汤鲜有嚼劲，好吃。

由于他做出的汤包皮薄，有韧劲，汤水不多不少，产品很受欢迎。每天早上，买汤包的顾客都排很长的队。从2002年开单店至今，他旗下有了五百多家加盟店，每年纯利润为几百万元。

独门绝技不一定非要与吃有关，任何特长都可能成为创业的核心竞争力。重庆有个叫白任远的青年，玩了很多年的航模，擅长制作各种遥控飞机，经常有玩航模的大老板请他组装固定翼飞机，也有一些单位定制具有特殊要求的遥控飞机——如电视台需要可挂大型摄像机的遥控飞机，消防部门需要可耐高温的遥控飞机。

2011年，他干脆辞职创业，以"造飞机"为主业、航拍为副业。经营了三年，虽然没有发大财，但收入要比上班高不少，而且也有了一份自己的事业。

如果你也有和白任远类似的特长，不妨学学他。

胡振远是个北京农民，一次去韩国旅游，买了不少泡菜想带回国。因为拎着泡菜的手被勒得很难受，就在路上顺手折下了一棵松树枝作提手，提着泡菜回旅店。这个举动被警察发现，以破坏生态环境为由处罚了他。

这对胡振远是一个小小的教训。通过这个教训，他开动了脑筋：购物袋勒手的现象，人人都会遇到，特别是韩国人买泡菜；如果自己能搞出个方便人们提拿物品的工具，不是既能解决人们购物后的烦恼，又能挣钱吗？

几经实验，胡振远发明了一种小提手。这种提手小巧玲珑，携带方便，即使上面挂上十几斤重的物品也不会太勒手。很多大爷大妈试用后，觉得用它买菜购物十分方便，提再重的东西也毫无勒手的感觉。在菜市场，一些提着大包小袋的老人和妇女，见有人用小提手携带物品，感觉十分省事，便追着问是在哪儿买的，试用的大爷大妈们便帮胡振远推销起来。

就这样，胡振远发明的小提手很快就受到了老人和妇女们的喜欢，产品还没正式推出，许多人就找上门来，纷纷向他购买。胡振远见时机成熟，就自己开了一家小工厂专门制作小提手。

后来，这种叫"不勒手"的小提手出口到韩国，很受欢迎。胡振远依靠这个发明，赚了几百万。

人无我有，是很多企业在创业之初可以大力采用的模式。这个"独创"

并非一定要创业者自己动手、动脑，也可以通过购买专利、委托研发等方式来实现。

"独创"的魅力所能带来的高额利润早已不是什么秘密。但是独创产品模式并不是进入利润区的"万能钥匙"，它也有很多局限性。

第一，独创意味着"前无古人"，所以往往需要较大的研发投入和较长的研发周期。而这些前期投入，并不能保证独创成功。

第二，独创意味着市场认知度不高，如何打开市场、获取市场认可，需要花更多的资金与精力，打开市场的代价与风险很大。

第三，容易被"山寨"。发明者独自负担大量的研发、培育市场的费用，一旦市场基本成熟，一大批跟风者马上跟进，利用价格战把始创者逼入困境。

如何尽量规避以上陷阱？方法有四点：

第一，发明要接地气，也就是说能解决用户的实际问题。

第二，提高专利意识，积极寻求国家有关部门的保护。

第三，增强保密意识，使竞争者无隙可乘。

第四，抢占市场。在产能或投入不足的情况下，积极进行授权生产或技术转让，让产品迅速铺满市场，不给后来者以机会。这一点被很多人所忽略，但却是一种极为有效的方法。

银发市场商机乍现

2013年国庆节，我在上海的一位好朋友结婚了。婚后不久，他告诉我，让他和妻子感到很有压力的一件事情就是：今后两个人需要照顾"七八个老人"。这位朋友说，"我的爷爷奶奶都健在，他们有三个女儿和两个儿子，我叔叔年轻时出了车祸，所以爷爷奶奶一直和我们住在一起，妻子家也差不多是这样的情况。"

现在，五十多岁的父母还可以在照顾自己的同时照顾好上一辈子。可十年后、二十年后，恐怕父母也需要人来照顾了。也就是说，在老人们都活到85岁的前提下，作为独生子女的两口子需要同时照顾8个老人！

这是一个令人震惊的数字。根据联合国的界定，发展中国家60岁以上的人口（包括60岁）达到10%，就标志着该国家进入老龄化国家。到2022年左右，中国65岁以上人口将占到总人数的14%。

毫无疑问，老龄化加剧的趋势正在（并将长期）影响中国的社会、经济等各个领域。与此同时，老年人市场作为一个具有巨大消费潜力的市场，被越来越多的创业者所关注。

依照传统的商业观点，富人、女人、小孩群体的市场是含金量最高的市场，而老年人属于商业的贫矿。不过，万事万物都有变化的过程，也正是这些变化造就了所谓的商机。

总体来说，"银发市场"不仅涉及适合老年人的衣、食、住、行、康复保健，还包括老年人学习、娱乐、休闲、理财和保险等。随着老年消费在社会消费中比例的不断提高，各国企业界、社会服务业都已瞄准他们的特殊需求，为他们提供贴心的服务和产品，甚至在每种产品的通用设计中，都要特别考虑"银发族"的特殊需求。

下面我们重点谈谈"银发市场"中几个适合微企创业的商机。

1. 老年服装市场

多数服装厂商认为，针对老年人的服装只要能遮体保暖、价格低廉就可以了，其他不用考虑。然而事实并非如此，爱美之心人皆有之。如今，老年服装款式、色彩的单一性是阻碍老年服装市场发展的一个重要因素。

许多老人抱怨，如今市场上可供选择的老年服装极少，要买到款式和色彩都称心的衣服鞋帽就更难了。在国外，有些老年人服饰已打响品牌，进而发展成专卖店、连锁店。

如果没有开设老年人服装厂的实力，开一家老年人服装专门店也是一个不错的点子。此类专门店正在城市中兴起，生意都还不错，但远远未到市场饱和程度。而且，这些专门店也基本处于起步阶段，创办门槛不高，谁有本事做精、做大，谁就有可能获得更大的利润。

2. 老年文化娱乐市场

老年人自身的生理、心理状况形成了其特殊的消费需求，许多老人在文化方面的需求较强烈。如现在许多大城市的老人时兴进老年大学再学习，以填补自身的空白；有的老人对养鸟、种花情有独钟；有的则比较"新潮浪漫"，喜欢庆祝金婚银婚，重拍结婚照；也有的偏重于唱歌跳舞。

随着人类生活水平的进一步提高，老年人的消费力也越来越强，人们对文化品位的要求也就越来越高。但目前，许多中、小城市的老年文化娱乐市场还很薄弱。进一步拓展老年文化娱乐市场是一条不可多得的生财之道。

3. 老年人旅游市场

整天关在都市的"鸟笼"里，谁不感到压抑与烦闷？"现在孩子长大了，我们的负担减轻了，很希望出去走走，看看……"退休的胡老先生如是说。随着我国经济实力的增强，像胡老先生这样的老年人着实不少。目前不少旅行社也纷纷推出了"银发游"活动，争吃老年游这块诱人的"蛋糕"。

帮父母报名参团旅游的李先生说，让父母外出旅行，既开阔眼界，又有益身心健康，比吃补品强多了。随着社会劳动保障体制的完善，老年人衣食无忧之后还有了一些积蓄，为老年人参加旅游活动、丰富晚年生活提供了条件——有了钱，也有了时间。

因为其年龄的特性，所以在组织老年人出游时必须受到"优待"，要用较好的大巴、舒适的酒店，而且老年人对价格相对敏感挑剔。其实，由于老年旅游者人群众多，旅行社只要细心经营，选择好路线和合适商品，增加对长者的特殊照顾，不限制时间，获利不成问题。

4. 老年人养老护理市场

老年人对养老、医疗、护理机构的软性服务有着很大的需求，然而，当前这个市场鱼龙混杂，专业服务队伍的缺乏仍是一个软肋，也是痛点。无论是居家养老，还是社区的居家养老模式，都存在巨大的标准化、品牌化的连锁品牌市场。

5. 健康智能设备的市场

通过开发新型室内智能设施，包括可穿戴设备，解决老年人遇到的问题。如可穿戴心脏病监控设备，在老年人遇到心脏问题时自动发出警报；或可穿戴的拥有智能定位系统，方便家人在第一时间找到老人的位置。

比如，法国某机器人公司推出了一款机器人，主要用于帮助老年人。机器人能说会道，能听懂对话，能自主导航。机器人会提示会议何时开始，能记录购物清单，能播放音乐，还可以聊天。对于现在没有时间陪在父母身边的儿女而言，此款机器人帮他们减少了许多担心和愧疚。

农村创业，机会多多

说到创业，多数的人的目光总是投向都市——农村的往城镇走，城镇的往县里跑，县里的往市里钻……那是有失偏颇的。当大家都挤破头往都市挤时，被遗忘与冷落的农村出现了广阔的发展空间和创业机会。一个个农民企业家，一个个养猪大户、养兔大户的出现足以证明，在农村同样可以实现自己的梦想——只要你有勇气和胆量，敢想敢干。

改革开放以来，随着城市经济的发展，经商和进城务工的农民日益增多，城市消费群体在不断扩大。他们不再是农业的生产者，而成为农产品的消费者。

这样一增一减，农产品的供需矛盾就会倍增。

上面所谈及的人口结构的重新分配，导致农村形成了一个空档：首先是劳动力减少，其次是农产品的生产也相应减少——这是导致农产品价格一路上涨的重要原因之一。这种人口分布的格局对国家的整体发展其实是不利的，而国家也一直重点关注"三农"问题，中央一号文件更是提出进行社会主义新农村建设。

而各个地方政府部门都相继出台了扶持去农村创业的条例法规，努力给创业者提供合适的创业土壤。如鼓励流转土地承包经营权，加大小额农贷支持力度，农村创业给予税费减免，购买农机、良种、种植小麦、养殖生猪、牛羊等给予补贴等。

此外，近年来城市消费人群对食品质量、食品安全的期待不断提高，这给绿色安全的农副产品提供了很大的发展空间。而相对来说，来自城市里的人（包括从农村来到城市里的人），对于农产品市场的需求更为敏感，在农产品经营上也有优势。

每一波潮汐，都是大自然有形的呼吸。可是，在这潮起潮落之间，或许就孕育了一场生命的大躁动，完成一次历史的大跨越。伴随着农业发展的需要以及政策的春风，去农村创业这个致富的绝佳机会就摆在你面前。

下乡创业的方式多种多样，可以采取"公司+农户+市场"的种养、加工、销售一条龙方式，在农产品的初加工、深加工以及综合利用上做文章。现在此类型的公司很多，而且大多取得了不俗的成绩。

还可以开办生态旅游农业园，利用农村优美的风光，吸引城市游客来此体验耕种的乐趣、垂钓的悠闲；还可以直接开办养殖（种植）场，用现代经营理念来运作。自己有养殖的专业知识当然更好，如果没有，聘请专业人士协助自己也未尝不可。

在南宁市邕宁区蒲庙镇，有一批农民靠养野猪发了财，而带领他们创业致富的，是"80后"返乡大学生李盛示。

2007年，李盛示大学毕业，由于专业不对口，辗转换了几份工作，一直没能安定下来，便回到老家。期间，他发现当地不少农民像养家猪一样养野猪，品质不高、销路不畅。李盛示想出的办法是：从农民手里收购这些养尊处优的野猪，将其散养在仿野外的环境中，让野猪在奔跑争斗中恢复其野性与"野味"，等猪肉的品质得到提高之后再投放市场。

于是，李盛示于2009年与几个合伙人创立了野猪养殖专业合作社。筹备过程中，李盛示并没有得到家人的理解和支持，"好不容易读完大学，在城里找一份工作才是正经事！"可年轻气盛的他仍坚持自己的选择。

"协会+农户+合作社"的运作模式，让李盛示的事业腾飞了起来。合作社的运转得到了家乡养殖户的欢迎，产品品质提高、服务方式到位更是得到了市场的认可，甚至出现野猪产品供不应求的局面。

如今，合作社已有社员两百多人及多个小型母猪的野猪养殖场，一年有2万多头商品小野猪出栏。从合作社出栏的野猪近销广西、广东、福建，远销东盟国家，形成了一条稳妥的产、供、销网络，产品销售率达100%。

李盛示作为一个农村"80后"大学生，无论资历还是本钱都很欠缺。他之所以致富，只是因为看到农村这片广阔土地上的一个小问题，并找到了解决之道。可见农村市场发育很不充分，许多方面还是一片空白，这就为到农村创业提供了更广阔的发展空间。

和成熟的市场相比，在农村创业竞争压力较小。此外，农村创业门槛不高，在资金、场地等方面的要求都非常低。

正是因为看到去农村从事农业存在巨大商机，IT界企业网易在浙江省湖州市建了一个占地1 200亩的养猪基地。靠饲料起家的东方希望集团董事长刘永行则一语道破天机："农村在一段时间的沉寂后，正迎来第二次创业的高峰，现在的农村存在着丰富的创业机会。"

2011年，毕业于北大的董生辉在工作五年后决定创业，他将目光瞄准了新农业。获得了3 000万的风险投资之后，他在老家湖北恩施创立了名为"巴山农夫"的农产品品牌。然而，项目运作了差不多三年，巴山农夫失败了。在总结教训时，董生辉说了这么一番话——

关于这个新农业，我总结为一定要接地气，不要花拳绣腿；一定要沉住气，不要急功近利；一定要大气，不要斤斤计较；一定要有勇气，不要眼光短浅。

分析巴山农夫的失败原因，其中最核心的一环就是规划不合理，贪大求全，这个直接影响到市场开拓的进程。如果你听到说，做生态农业规模很大的，那绝对有问题。因为只有小范围才能做精致，而且你规模大了一定是按照工业化的流程去操作，那这个东西还谈何生态呢？所以这个血的教训一定要切记。现在流行轻资产型模式，你做到小而美的话，对于传统的农业而言也就是变相的轻资产企业了。

关于未来新农业的方向，我觉得如果选择在农业领域创业的朋友，可以考虑私家农庄的定制模式，基于点对点的一种P2P农业，去年我们团队与君联资本沟通过类似的项目方案，对方非常认可，只是因为一些细节最终没有达成共识，后来也就不了了之。

纵观中国农业，会发现在城镇化大潮背景下，现代农业的出路已经显而易见了，或许P2P模式可能才更符合生态农业的本质。做好中间的品控，做好现金流，做好服务和物流，这个模式就是很新的一种模式，相对来说管控也很简单。如果这个模式批量复制开来，很有可能改变传统农业的市场。

希望各位创业者无论在多么乐观的状况下，都要保持一颗谨慎之心，甚至可以说是敬畏之心。雷军在创业成功之后说过："我对创业仍有敬畏之心。"创业不易，且行且珍惜。

选择项目时宁缺毋滥

创业者在选择项目时要谨慎，特别是初次创业，更要谨慎从事，很多创业者都希望选择稳当、风险小的项目。所谓稳当就是投资小、市场大、有竞争优势的项目。但也要根据自己的风险承受能力和自己的特长选择项目。

如果你擅长讲演，从事过营销，又爱好销售，还能承担产品的积压和降价的风险，那么可以选择产品的终端销售类项目。

如果你没有从事过产品推销，不善言辞，不善求人，又怕承担产品积压和降价的风险，建议你从事非产品销售的项目，如技术类（当然是门槛低的更好），不需要推销的。无论做哪一项，首先要认真考察市场，考察不能凭主观和感觉。

投资创业容不得半点头脑发热与草率敷衍，犹如缔结一场婚姻，不慎重的投资如同一场不慎重的婚姻，不仅过程不快乐，解除"婚约"也会伤筋动骨。不过，有些创业者在选择创业项目时并不是很严肃认真，往往是看到别人做什么赚了钱、发了财，就眼红想上；或者听了别人的蛊惑，一时热血沸腾就拍板，不分析商机是否真实存在，也不考虑自己是否有相应的能力去抓住。

创业虽好，但我们不能为创业而创业。洛克菲勒在一次演讲中告诫那些有心创业的人说："在下决心之前，除了要评估你自己要创立的事业所需的能力之外，更应该慎重地思考什么样的事业才是你最应该投入的。"

有些所谓的商机，其实并不见得有你表面上所看到或者所听到得那么好。你需要仔细观察、深入了解，不但要看和听，更需要用脑子想。此外，即使是难得的商机，也不是适合每一个人的。

那么要如何才能养成严谨的创业投资态度呢？

首先，考察一个创业项目，要看该项目所属产业的大势。你要了解你所在的行业的现状与走势如何，尽量避开那些夕阳行业、国家管制程度高的行业。

其次，你要考虑进入产业的门槛。找到一个前景很好的创业项目，还要想想自己是否抓得住。这个抓得住，不是指你主观的愿望，而是指客观的能力。不少被看好的项目进入门槛都比较高，这些高门槛具体表现有三个：一是法律上的，例如许可证、专卖证；二是资金上的；三是技术上的。你不掂量掂量自己的斤两就贸然杀入，结果法律上的程序没走通或者资金无以为继，又或者技术达不到行业标准没有竞争力，都可能带来灾难性的后果。

罗敬宇的创业启示

在我认识的创业者当中，湖北十堰的罗敬宇可谓是一个有故事的人。1993年12月出生的罗敬宇，在他还没满20岁时就成了千万富翁，被央视等诸多媒体竞相报道。罗敬宇自幼爱好画画，高中时一边读书一边创业。罗敬宇做的什么项目呢？——画材销售。

罗敬宇在十堰读初三时，通过摆地摊卖孔明灯赚了点钱。在高一时不甘寂寞，借了几万元钱开起了时尚女装店。女装店开了半年，亏得一塌糊涂。罗敬宇从学生小富翁一举变成"负翁"。

高二时，作为美术生的罗敬宇发现十堰的画材店价格偏高，他就组织了几次团购，累积了不少学生客户。接下来他开了一家网店，将画材平价卖给身边的同学。然后，又在外校找了一些学生作为销售代理人，帮助自己推销画材（利润分成）。

网店打开销路后，他说服投资人，合伙开设了一家实体店，并租用了大型仓库。短短几年，他就复制了8家分店，并依托手里的资源进行了多元化拓展。

从罗敬宇的致富故事中，我们总结出选择创业项目时的五个考量：

第一，选择具有独特资源优势的项目。俗话说：靠山吃山，靠水吃水。这个资源，也可以是独特的人脉资源。作为美术生的罗敬宇，其资源就是身边一大批学画画的同学与朋友。这种独特的资源，是其他画材店老板无法拥有的。对于微企创业者来说，发掘自己身边特有的资源进行投资开发，更容易成功。

第二，选择具有明确市场的项目。满天的飞鸟在飞，你的捕鸟器要捕捉的是哪一种鸟？不要说你想捕捉所有的鸟，满天的鸟儿都想抓的结果往往是一只也抓不到。创业项目要针对某一个特定消费群体，这样才能知其所好，投其所好，乘"需"而入。罗敬宇创业之初，锁定的是学生画材市场。只有市场明确，方能为市场量身定做服务，以此来赢得市场的青睐。

第三，对市场需求要有把握，不要猜想潜在的需求。在看到市场需求——也就是商机之后，罗敬宇不是一头就扎进去，而是先通过组织团购、开设网店，对市场需求进行了充分测试（他称此为"试验田"）。这些小投资的测试，可进可退，将创业风险降到了最低。

第四，寻找"隐形冠军"。画材市场属于小众市场，一直被许多"淘金"的生意人所忽略。但艺术生群体巨大，需求刚性，而且消耗量大。这样的生意细水长流，积少成多，是一个容易被多数人忽视的"隐形冠军"。

对于微企创业者而言，最明显的商机往往不是最好的机会，因为会招来过多过强的竞争者。而进入这个"隐形冠军"市场，所面临的竞争烈度低，容易成长。虽然做不了科技达人，也当不了房产大亨，但能实实在在地为你赚得第一桶金。

第五，要能把握自己提供的产品或服务，自己要是内行，能控制。

三百六十行，行行出状元。创业时你所面对的是一个广阔的新天地。张三开馒头店赚了几十万，李四开美容美发屋每天有数千元营业额……他们都在赚钱。然而，不要以为别人赚钱的项目，你进入也会赚钱。

做生意成功的一个口诀是："不熟不做。"也就是说，你经营的项目，一定要是你所熟悉的，不应该以一个外行的身份，半途出家，搞一些自己一无所知的事业。罗敬宇在高一时开服装店失败了，主要原因就是做了自己完全外行的生意。而做画材生意，因为长期画画，他熟悉各种画材的特性与价格，做起来就得心应手了。

CHAPTER 2

第二章

创业要赢，调研先行

在下决心之前，除了要评估你自己所要从事的事业的经验之外，更应该慎重地思考什么样的事业才是你最应该投入的。

——洛克菲勒

有一句民间俗语叫"箩筐没样,边编边像"。说的是乡下手艺人编箩筐,没有图纸,用的竹篾或藤条也是长短粗细不一,因此编箩筐时只能一边编一边调整,最后编出一个箩筐就行。

不少创业者也喜欢"编箩筐"式创业,往往是老板或几个创始人发现了一个商机,然后就一个猛子扎了进去。摸着石头过河,总会有办法的。可是摸到半路没有石头怎么办?河里有食人鱼怎么对付?再折回来取工具吗?

创业要赢,调研先行。"摸着石头过河"这类粗放式创业,要多走很多弯路,失败的概率也会增大很多。明智的创业者总是在项目还未正式启动时,市场调研就已经先行了。在市场调研中,你会收获很多有利于创业的信息,或者你会发现想象中的项目并不可行,这时大可以就此收手,另谋他路。

创业行业评估

力帆集团董事长尹明善早年在重庆做书商时,靠出版发行《中学生一角钱丛书》赚得了第一桶金。之后,他退出出版业,考察了很多行业后,决定进军摩托车市场。为什么放着顺风顺水的出版业不做了?因为出版业市场化程度不高,民营企业家必须依托出版社的平台而生存,要想做大比较困难。

而摩托车行业是一个完全开放的产业,作为国企的重庆摩托车行业老大"嘉陵集团"和老二"建设集团"给市场留下了很多空隙。

尹明善这一转身,成就了力帆集团,也成就了尹明善这个百亿级别的超级富豪。

如果将创业比作钓鱼,那么你首先得选对一个池塘——也就是行业。有的池塘大,鱼多,但钓鱼的人也多;有的池塘小,鱼少,但钓鱼的人也少。当然,也有的池塘尽管塘小鱼少但钓鱼的人不少。

有一句颇为流行的话,叫"选择比努力更重要"。为什么?因为选择不对,努力白费。

那么,创业者如何选择与评估一个行业呢?我们可以通过下列11个角度进行衡量与评估。

1. 该行业是否为季节性的?

(1)是否依赖于临时工?

(2)销售是否集中于一年中某一段时间内?

(3)一年中的库存是否存在很大波动?

(4)在某一季度是否没有盈利?

2. 该行业是否对经济周期很敏感?

(1)销售数量在最近的经济衰退年份中是否出现下降?

(2)衰退期间销售额是否出现下降?

3. 该行业是否受到了过多的管制?

(1)列出对企业进行监督的各种管制机构;

(2)列出所需的各种许可证;

(3)列出必须缴纳的各种税费。

4. 战略性要素的供给和价格的确定性如何?

(1)公司是否依赖于那些现阶段从各种渠道都难以弄到的原材料?

（2）战略性材料的价格变动是否很大？

（3）那些难以贮存的战略性原材料是否有可靠的供应？

（4）公司的经营是否过度依赖某些关键员工？

5. 扩张前景如何？

（1）所在的行业是否正在扩张？

（2）公司能否增加其市场份额？

（3）公司的产品和服务是否存在新的潜在市场？

（4）该市场上是否存在潜在的新产品或服务？

6. 该行业的盈利性如何？

（1）回报率是否高于社会平均水平？

（2）投资回报率是否高于行业平均水平？

（3）为保持一定利润，在必要时公司能否较容易地提价？

（4）该行业盈利能力是否足以为企业的扩张提供资金支持？

7. 产业的变动方向是怎样的？

（1）人口变动的趋势是否将对该行业产生负面影响？

（2）公司的主导产品在主要市场上是否已趋于饱和？

（3）价格变动使产品的市场潜力增大还是缩小？

8. 将要对行业产生影响的技术变革是什么？

（1）正在发生的技术变革是否将降低产品成本？

（2）正在发生的技术变革能否使你的产品替代竞争产品？

（3）是否存在会导致你的产品过时的技术变革？

9. 企业能否置身于竞争之外？

（1）列出企业相对于竞争对手的优势；

（2）列出企业相对于竞争对手的劣势。

10. 该行业对你个人是否具有吸引力？

（1）列出你被吸引到这一行业中的非金钱的理由；

（2）列出该行业中你所不喜欢的各种因素。

11. 所选择的行业是否易于进入？

列出将会削弱新公司进入该行业机会的各种因素。

当然，没有哪一个行业能在这11个方面都令人满意。如果达到8项以上令人满意，说明这个行业对你来说就是值得进入的。反之，若大部分的答案都是负面的，则最好远离这个行业。

区分真假需求

满足用户需求是创业成功的不二法门。不过，用户需求分为假需求与真需求。假需求是用户喜欢、想要的，而真需求是"用户愿意为此支付代价的"。打个比方，女人都喜欢钻石，想要拥有钻石，但真正要她们购买就困难了。"想要"和"购买"是两回事，很多创业者将其混为一谈，结果导致创业失利。

我的表弟小陈，从长沙某大学毕业之后，和女朋友一起开了一家美容按摩院。开张至今生意一直不太好，用他的话来说，就是连维持运营都有困难。

还是在上大学时，小陈就一直在琢磨毕业后要创业。大三的时候，他交了一个学美容按摩专业的女朋友。2013年，小陈大学毕业，向家里要了15万元和女友开了这家小型美容按摩院。

小陈的美容按摩院位于长沙湘江边上的一个超大型社区内，理论上的入住人口有6万，实际入住约有三四万。社区内的小型美容按摩院有三家，生意都还过得去。他说当时自己也分析过项目的可行性：社区人口取最低值3

万，其中女性约为1.5万，去掉年幼的与年老的女性，还有5 000位准客户。这5 000位准客户，只要有1%的人在自己美容院办卡成为常客，就不愁生意不赚钱了。

可是，真实情况是怎么样呢？大半年来，没有一个人在他的店里办卡。店里的收入甚至不够维持日常花销。

不少新手创业，都喜欢像小陈那样假想市场需求。有个Y氏理论，说的是：中国有14亿人，每人每年向你买一根1元钱的雪糕，就是14亿的销售额。但问题是，如何让这14亿人都来消费你的雪糕呢？

对于创业者来说，假设需求是最不靠谱的，一定要靠科学的市场调查来摸清真实需求。创业初期，创业者在做任何决策前都应该进行科学的市场调查，充分了解将要"一展拳脚"的这个行业的独特规律及其发展趋势。创业者不能只是凭经验、凭感觉或者人云亦云盲目跟风，不经过调查分析所做的决策，往往容易导致创业受挫。

所谓市场调查，就是对某一产品或服务的消费者，以及市场营运的各阶段进行调查，有目的地、系统地搜集、记录、分析及整合相关资料，了解市场的现状及其发展趋势，为市场预测和营销决策提供客观的、可靠的资料。

市场调查是区分真假需求的良药，是创业的前奏、决策的基础。缺少了这一环节创业很容易误入歧途。

近几年，随着大学生就业难的问题愈加明显，一些专门从事就业辅导与咨询的公司开始出现在北京、上海，其辅导内容包括认清自我、读懂职位、简历撰写、面试礼仪等。在重庆从事管理培训的讲师李女士经常跑北京，她捕捉到这一商机后，决定将这一成熟的模式复制到重庆。

为了降低风险，李女士先是挑选了当地两所排名最靠前的大学进行招生推广。几轮宣传下来，来咨询的只有两个人：一个是已经签了很好的工作单位的男生，问要不要招兼职；一个是女生，问是不是招考就业辅导方向的研究生。

哭笑不得的李女士心想，是不是这两所大学排名靠前，毕业生找工作很容易，所以不需要辅导与咨询。于是，她又将招生推广瞄准了一个二本与一个三本院校。谁知道依旧没有招到一个学员。

问题到底出在哪里？李女士这时才想到了市场调查。毕竟有管理培训师的底子，很快她就设计好调查问卷，雇了几个学生进行市场调查。结果出来后，李女士非常吃惊：80%的大学生认为自己找份工作没有问题，不需要任何辅导；有12%的学生觉得可能会有问题，但选择问同学或家长的居多；7%的学生则表示工作上的事情，家里的父母、亲戚早就帮他们考虑好了！

也就是说，只有1%的学生属于准客户。拿着这个数据，李女士毅然将项目终止了。后来，陆续也有人在重庆想做这一块生意，包括北京的公司来重庆开分公司，但没有一家做成功的。

一个项目，在北京风生水起，为什么到了重庆就举步维艰了？

李女士后来分析：北京汇集了全国的优秀人才，也汇集了世界知名企业，学生置身于激烈竞争的环境之下，愿意花一定的金钱与时间快速提升自己的求职竞争力；而与快节奏的北京不同，重庆是一个相对安逸的城市，学生大多是本地或周边地区的人，凭自己的能力或家里的关系，基本上都能找个差不多的工作（好也好不到哪里去，差也不会太差），因此参加就业辅导的意愿很低。

李女士这种"事后诸葛亮"式的分析，也算是创业失败后的复盘了。试想，如果她在创业之前先做个市场调查，是不是就可以避免这次费钱耗力的失败创业呢？

修正创业方向

"发现商机固然让人激动，但这个想法是否可行，需不需要完善与修正？最终还是需要市场调查来决定。"广州创业者古河认为，他能够创业成功，首先是因为周密的市场调查。在有了开零食店的想法后，古河做了四个多月的市场调查。他针对消费者做了三千多份调查问卷，以顾客的身份询问了一百多家商店，供应商也咨询了近百家。

通过对团体和个人消费者分开调查，古河发现，团体对价格较敏感，量比较大；个人对品种要求比较高，量比较少。由此，他确定了零食店的发展方向：主要面向团体，承接各个学校社团、企事业单位。零食店有实体店，市区内还提供送货上门服务。现在古河的零食店每月的销售额都能达到10万元以上。

市场调查方式有很多种，对于小微企业来说，最常用也是最有效的是问卷调查。问卷调查也分很多种类，有的通过报纸发送问卷，有的通过产品发送问卷……相对来说，访问问卷调查比较适合小成本创业项目评估。这种方式简单、直接，问卷回收快，信息可信度高。

吴阿姨早年是县剧团的小提琴手，十多年前因机构分流到街道办事处当了主任。因为丈夫去世得早，她一个人供儿子小崔念完大学。小崔大学毕业后，在北京闯荡得还可以，于2011年在首都机场附近买了一套房，并把已经内退的吴阿姨接到北京。

小崔的本意是将妈妈接来养老，但才五十多岁的吴阿姨怎么闲得住？刚来北京三个月，她就瞄上了"小提琴培训"生意。虽然已多年没有在剧院演奏，但吴阿姨一直没有让自己的看家本领荒废掉。

和其他音乐培训班不同，吴阿姨预想中的小提琴培训班包含了接送孩子，提供孩子晚餐的服务。吴阿姨所在的小区不大，孩子上学都要去两公里外的学校。早上送孩子上学没什么，父母一般可以先送孩子再上班。但孩子放学一般是4点左右，这时还不到下班时间，接孩子是个问题。于是，学校旁边催生了不少"小饭桌"。吴阿姨显然不便再参与小饭桌竞争，于是她就将"小饭桌"与"小提琴"进行了捆绑销售。

有了想法后，吴阿姨决定先做市场调查。她针对本小区的家长制作了一个包含十道题的调查问卷。花了一周的时间取得了30份有效问卷。通过这30份问卷，她发现该小区家长有如下特点：

一是多数是双职工，60%的家长无法按时接孩子放学；二是"小饭桌"的价格区间为580～800元/月（含晚餐）；三是100%的孩子在周末参加了各类培训班，其中参加音乐培训的为30%，学小提琴的为10%；四是学小提琴的都是周末一对一上门教学，一小时费用在160～220元。

看完调查问卷，吴阿姨调整了创业方向，舍弃了繁琐而利润低的"小饭桌"业务，将主要盈利点放在一对一教小提琴上。为了打开局面，她拜访了学校周边的十多家从事"小饭桌"业务的商家，和他们合作开发小提琴培训业务。

很快，吴阿姨就有了第一个客户。接着，第二个、第三个……三个月后，有了8个客户的吴阿姨有点忙不过来了，于是她注册了一家公司，招聘了一名兼职音乐老师。

2013年，吴阿姨的公司年营业额为80万元，除去开支，纯利超过40万元。也就是在这一年，在吴阿姨的帮助下，儿子小崔提前还清了房贷。

吴阿姨的创业想法，如果没有因为市场调查而得到了修正，其创业之旅一定没有那么顺利。一个明显的事实是："小饭桌"再怎么经营，也只是一个做不大的"小"生意，少则带七八个孩子，多则一二十个孩子，放学要接孩子，接了孩子要管理孩子，还要买菜、做饭、搞卫生……一年到头，赚的往往也就是自己的劳务费。

小微企业创业者最好是自己亲自去一线做市场调查，不要雇佣兼职的学生代劳。这不仅仅是为了节省成本，更重要的是：在调查过程中，你还可以看到、听到很多重要的信息。此外，亲自上阵，也能在更大程度上保证调查问卷的真实性。

调查问卷的设计

有个叫王珂的大学生，看到学校校区很大，学生步行有点费力，就想在学校开一家自行车租赁店。为了稳妥，他创业之前做了问卷调查。王珂说："当时接受调查的同学都对租自行车表示很感兴趣。"但是后来的现实与调查结果并不一致，王珂的自行车租赁业务无人问津。王珂为此很疑惑：问题出在哪里呢？

——问卷设计不科学。就像我们在本章第一节里所说的"喜欢"不等于"购买"，"感兴趣"也不等于"购买"。不要从网上下个相关的调查问卷就用，要用，也应该取长补短，吸收其优点，融入自己的想法。

在设计调查问卷之前先要确定好：本次调查的主题是什么，受访人群在哪些范围，希望能够得到哪些信息。然后根据这些来选择出题类型，斟酌描述用语。

为了避免误会，在问卷的开头就要明确告诉对方，我们进行的是有关于什么方面的调查，并且告诉对方该如何作答——是打钩，还是填写选项代码。不要让受访者一头雾水，根本不知道究竟要做什么。

在问题类型的选择上，最好以选择题为主，填空题为辅。相对来说，受访者在回答选择题时会更随意，答案不见得真实。回答填空题时一般是自己真实的想法，因为临时编一个假答案不如直接回答真实想法省事。

但调查问卷的填空题最好不要超过三道，多了的话受访者会感到不耐烦。如果需要对方提出某些具体的意见或建议，这样的开放性问答题最好只有一个。

在问题的排列上，宜采取先易后难的顺序。要是一上来就将受访者"难"住了，对方接下来很可能会拂袖而去，或者胡乱作答、敷衍了事。这些问题也要按照一定的逻辑排在一起，不要东一榔头西一棒子。

在描述上，一定要注意用词恰当，能够清楚表达含义，而且不会产生歧义。问题尽量用肯定句式，比如"我认为孩子有必要学会一门乐器"，那么答案可以是"同意、基本同意、基本不同意、完全不同意"。不要设计成"我不认为孩子有必要学会一门乐器"，这很容易引起歧义，导致受访者无意中做出了与本意相反的选择。

在选择题备选答案的设计上，尽量用简洁明了的文字，不要用模糊笼统的词汇。能具体量化的一定要量化，比如"一天一次、三天一次、一周一次"，而不要用"经常、有时"这样的词汇。

问卷设计出来后，不要马上就去做调查，还需要对问卷本身进行评估。在调查之前，你应该弄清受访者是否能一致地理解问题？他们能否完成问题所交代的任务？调查员能否逐字逐句地念出问题？

问卷评估不能坐在书房里、电脑边做，最好是找身边符合你的潜在客户气质的亲戚朋友来参与。没必要进行正式的访问，在聊天谈心的过程中，将这些问题夹带出去，看看对方能不能轻易地听懂你的问题，问题的答案是不是在你的备选答案内。问过多个人之后，你对这份问卷又会有更深刻的认识。

接下来，就是寻找你的目标用户群体了。不要害羞，在他们出现的时候尽量准确地认出他们，请他们帮你填写问卷。最好不要请人代劳，因为别人没有你这么敬业。经常见到一些受雇从事调查问卷的人为了取得受访者的配合，告诉对方"随便写一下就可以了"。这样得来的数据会扭曲失真，将你的创业之舟引向暗流之中。

摸清竞争对手

2012年12月底，创刊才3个月的《星城楼市》黯然停刊。这家饱含吴俊期望的DM杂志（直邮广告），仅仅出版了6期就夭折了。像《星城楼市》这样迅速倒下的DM绝对不是个案，很多经营举步维艰，甚至苦撑一段时间就黯然退出的也不在少数。

吴俊在大学学的是视觉传播，2009年毕业后一直在北京漂着。在回老家长沙创业之前，他曾在北京一家比较著名的DM杂志做过一年美编。2012年6月之所以选择回长沙，一是感觉在北京生活压力太大，二是想利用工作所学回长沙创办一份DM。

当时的长沙是一个人口七百多万的大中型城市，居民消费水平在全国同等规模城市中属于中等。在湖南卫视的强势带动下，长沙的传媒广告业非常发达。时尚、餐饮、旅游、服务等门类的DM杂志非常之多，如《柒天》《点击时尚》《顶极TOP》《百适》《城市一周》《建湘商情》《阳光丽舍》《潮流堂》等。专业的房地产DM杂志有《长沙房地产》《长沙楼市》等近十家。

作为湖南省省会，长沙楼市已经火爆了很多年，围绕房地产的各种生意都赚得盆满钵满。自然而然，吴俊就将DM的定位放在楼市上——《星城楼市》就这样诞生了。

长沙的地产DM大多拥有强大的媒体资源或政府资源作为后盾。如《顶级楼市》就是由《今日女报》主办，《长沙房地产》杂志是由长沙市住房和城乡建设委员会主管、长沙市房地产开发协会主办的一本区域性专业房地产杂志。

以《顶级楼市》为例，在创刊之初，《今日女报》不惜版面在自家的刊物上大做广告。但经营一年后，还是将"地产"的定位调整为"时尚"，并改名为《顶极TOP》。

吴俊在《星城楼市》的筹备期和正式启动后，都没有进行深入的分析研究，对竞争对手的情况并不了解，也没有详细的产品规划和市场开发战略。

因为缺乏调研环节，缺少对长沙DM生态环境的准确把握，杂志定位上存在着很大盲目性，偏离市场和读者的实际需求，谈不上特色，更不可能胜过竞争对手。如同一个莽汉仓促中去打擂台，完全不知如何应对擂台上的巨人，被打了几拳就没"血"了。

没有研究竞争对手的优势与劣势，吴俊的冒然创业导致必然的失败。如果在创业之前，他先做足市场调查，摸清竞争对手的情况，或许不会有那么黯淡的结局。

兵法有云，"知己知彼，百战不殆"，意思是说在战场上，既要对自己的情况了然于胸，又要对对手、敌人进行详细的了解，这样才能每战必胜。小微企业在创业之初，宛如一棵破土嫩苗，要想在丛林中存活并且长大，就必须客观、及时摸清即将面对的竞争对手，必须明确竞争对手的战略和目标、优势和劣势，从而确立行之有效的竞争战略和营销策略。

通常来说，创业之前，你需要了解竞争对手的如下情况：

1. 竞争对手有哪些；
2. 他们的规模如何、盈利情况；

3. 组织和业务单位结构的详细情况；

4. 产品和服务范围情况，包括相对质量和价格；

5. 按顾客和地区细分的市场详情及每个单位的人员数量和特征；

6. 沟通策略、开支水平、促销活动和广告支持等详情；

7. 销售和服务组织的详情，包括数量、组织、责任、重要客户需求的特殊程序、小组销售能力和销售人员划分方法；

8. 市场（包括重要客户需求的确认与服务）的详情，顾客忠诚度估计和市场形象；

9. 有关研发费用、设备、开发主题、特殊技能和特征的详情，以及地理覆盖区域；

10. 有关作业和系统设备的详情，包括能力、规模、范围、新旧程度、利用情况、产出效率评价、资本密集度。

了解竞争对手有助于理清思绪，修正财务目标，开发更好的产品（服务）。可以说，了解和分析竞争对手，是展开竞争的前提条件。

我们前面说过，尹明善从出版行业转行，进军摩托车行业之前，就对当时重庆的竞争对手进行了详细的调查分析。当时重庆摩托老二"建设集团"财大气粗，虽然能制造全套的发动机配件，但却不提供发动机的总成去满足市场需要——这是当时国字号大企业经营僵化的一个典型。

尹明善瞅准了这个破绽，从建设集团修配部把发动机配件买过来，自己装配成发动机再卖出去。购买全部配件的成本仅1 400元，而装配好的发动机售价可高达1 998元。

等尹明善的发动机总成生意红透了半边天时，建设集团才知道有人在挖自己的墙角。于是建设集团开始在发动机关键零配件上卡尹明善的脖子。尹明善早就料到组装发动机的好日子长不了，建设集团肯定会想方设法断自己的货。

他从开始组装发动机的第一天起，就有针对性地设计替代建设集团产品的零配件，并积极联系生产厂家。通过四个月的攻关，建设集团生产的几个关键零部件被尹明善的公司开发出来了。

至于其他非关键的零配件，市场上的替代品非常多。醒悟过来的建设集团急忙进军发动机总成市场，而此时这块市场已经过被尹明善牢牢地占据。

尹明善赢在吃透了竞争对手，而建设集团输在对竞争对手完全无知。蒙着双眼的巨人，被一个眼明手快的小孩击倒，实属正常。俗话说"商场如战场"，创业者也应该像战场上的侦察兵一样，去刺探、了解、分析自己的竞争对手，了解同行的经营目标、产品开发、市场营销、人才战略等情况，这样才能提出相应的应对策略与对手周旋、竞争，使自己不被对手蚕食、吞并、打垮。

做好市场细分

现在，有两方面的情况值得创业者注意：一方面是企业普遍反映说钱不好赚了，每一个领域都人满为患，利润被打压到最低点；另一方面，消费者在绝大多数消费领域并不满意，小到牛奶、面巾纸，大到汽车、房子。

应该说，只要有消费者不满意的地方，就有企业发展的机会。可是为什么那么多企业还在喊难呢？

问题就出在对市场的细分不够，没有了解特定消费者的特定需求，因而无法提供更具针对性的产品与服务。

中国有着全世界最具潜力的市场，巨大的市场下面是巨大差异的需求。因此，小微企业只要找到自己能满足的那一小块市场就足够了。而市场细分，正是将市场上的购买群体进行分割，使得同一细分市场内的个体之间的差异变得最小，不同细分市场的个体差异变得最大。

马云当年做阿里巴巴，独具慧眼地将目标客户锁定在中小企业这块被忽略的细分市场上。俞敏洪做英语培训，首先切入的是出国英语短期培训，在细分市场里深耕，最后开花结果，长成参天大树。

细分市场对小微企业意义重大。小微企业的资源以及经营能力有限，在整个市场或较大的子市场上不是大公司的对手，而在市场细分的基础上，填补市场空缺，见缝插针，拾遗补缺，就能变整体劣势为局部优势，使自己在竞争中不断发展壮大。市场细分后，市场具体了，消费者需求清晰了，市场营销策略也可以做到有的放矢。

小微企进行市场细分时，需要搞清楚如下六个问题：

1. 我是谁

指自身的资源与优势。创业者在选择市场范围时，要紧密联系自身的资源优势与能力长处。比如，你在农村有十亩地，对农业种植比较熟悉与擅长，那么你进入的市场范围最好就是种植业；你在服装行业工作多年，人脉与经验积累丰厚，那么你创业的范围最好是服装行业。

2. 他们是谁

指消费者特征描述。可以通过年龄、性别、文化、地域等标准，将消费者细分出来。初步细分时，至少从中选出三个细分市场备选。

3. 他们有多少人

指消费群规模。细分市场要能够支撑起你的企业。比如，在北京从事婴儿胎毛笔业务，因为有足够的消费基数，只要推广得力是有利可图的。但你要是在一个一二十万人的小城市去做这个业务，恐怕一年也没有几单业务。

4. 他们愿意花多少钱

指消费者的消费能力及企业盈利状况。创业的目的是为了持续盈利，细分市场是为了更稳妥地达到这个目的。还是以胎毛笔为例，北京的家长愿意为了婴儿第一次理发以及胎毛笔支付几百乃至数千的费用，四五线小城市所能承受的肯定会少得多。创业者要思考：消费者愿意支付的钱，能让你有利可图吗？

5. 他们有别的选择吗

指同类产品的竞争状况。必须沉下心来研究竞争对手，切实做好两手准备：在没有对手的情况下如何提高进入壁垒；在有对手的情况下如何与对手实现差异化。

6. 他们的兴趣点在哪里

指消费者最后掏钱买你产品的真正理由。挖掘细分市场里的独特需求并满足之，以此区分同类产品。比如，中国移动的"动感地带"，将目标消费群锁定在15～25岁的年轻人。根据这些年轻人喜欢发短信、上网等需求，提供特殊的资费套餐，从而迎合年轻人的兴趣点。

SWOT分析法

SWOT分析法，也称TOWS分析法、道斯矩阵、态势分析法，是由美国旧金山大学的管理学教授韦里克发明，是包括麦肯锡在内的很多著名咨询公司在做战略规划时的必用工具。

SWOT分析法从优势（Strengths）、劣势（Weaknesses）、机会（Opportunities）和威胁（Threats）这四个方面，对企业内外部条件等各方面内容进行综合和概括，进而分析组织的优劣势，最终得出如何采取对策。

无论已经处于运营中的企业，还是将要创业的公司，SWOT分析都是一个非常好用的工具，可以帮助企业把资源和行动聚集在自己的强项和有最多机会的地方，并让企业的战略变得明朗。

新创公司的SWOT分析如下：

1. 所谓优势（S），是指你将创办的企业内部的有利因素，或者指企业所特有的能提高竞争力的东西。包括技术技能优势、有形资产优势、品牌形象优势（新创公司可通过特许经营取得），人力资源优势等。

2. 所谓劣势（W），是指你将创办的企业的内部不利因素。包括设备老化、管理混乱、关键技术欠缺、研发落后、资金短缺、产品积压、竞争力差等。

3. 所谓机会（O），是指你将创办的企业的外部有利因素。包括新产品，新市场、新需求、外国市场壁垒解除、竞争对手失误等。

4. 所谓威胁（T），是指你将创办的企业的外部不利因素。包括新的竞争对手和替代产品增多、市场紧缩、行业政策变化、经济衰退、客户偏好改变、突发事件等。

将调查得出的各种因素根据轻重缓急或影响程度等方式排序，构造SWOT分析模型。在此过程中，将那些对公司发展有直接的、重要的、大量的、迫切的、久远的影响因素优先排列出来，而将那些间接的、次要的、少许的、迟缓的、短暂的影响因素排列在后面。

SWOT方法的优点在于考虑问题全面，是一种系统思维，而且可以把对问题的"诊断"和"开处方"紧密结合在一起，条理清楚，便于检验。

对于准备创业的你来说，明确将要创办的企业有哪些优势可供发挥，有哪些劣势需要改进与消除，有哪些机会应及时抓住，有哪些威胁需要重视。做到心中有数之后，方可胸有成竹，扬长避短，异军突起。

留心企业景气指数

2019年5月的一天，小张打电话给他的哥哥要借20万元，说想在北京做餐饮。哥哥说等一会儿我答复你。

没多久，哥哥的电话回过来了，说："老弟啊，餐饮业现在不景气，还是别开了吧。"

小张以为哥哥不想借那么多钱给自己，就说："哥哥，要么你借我10万得了，我再想点其他办法。"

哥哥回答："不是钱的问题，是这个行业目前不景气，我刚才在网上查了一下住宿和餐饮业的景气指数，只有79.8，很低呢。"

弟弟不明白什么叫"住宿和餐饮业的景气指数"，更不理解为啥79.8的数值很低。于是，哥哥就耐心给他讲解起来：

企业景气指数的全名为"企业综合生产经营景气指数"，是根据企业负责人对本企业综合生产经营情况的判断与预期而编制的指数，用以综合反映企业的生产经营状况。景气指数的数值介于0和200之间，100为景气指数的临界值。

当景气指数大于100时，表明所处状况趋于上升或改善，处于景气状态，越接近200状态越好；当景气指数小于100时，表明所处状况趋于下降或恶化，处于不景气状态，越接近0状态越差。

小张懒得听在大学当教授的"书呆子"哥哥的说教，他放下电话，另筹了20万元，共计投入150万元开了一家餐厅。结果，营业只半年时间就亏损了三十多万元，还不算前期的装修等支出。

后悔莫及的小张这才想起了哥哥曾经说过的住宿与餐饮业的景气指数，于是上网一查，发现第三季度住宿和餐饮景气指数为88.3，仍然处于不景气当中。

企业景气指数起源于西方国家，此后在世界范围内得到了迅速的推广和普及。从1994年8月起，我国国家统计局开始进行企业景气调查工作，调查主要是借助信息公司的技术力量，开展对工业和建筑业企业直接问卷调查。全国范围的企业景气调查于1998年在统计系统正式进行，由国家统计局各级调查队组织实施。

目前，我国的企业景气调查范围涉及工业、建筑业、批发和零售业、交通运输仓储和邮政业、住宿和餐饮业、信息传输软件和信息技术服务业、房地产业、社会服务业等八个行业。每个行业按其规模比重抽取样本。

如何写创业计划书

我不过是开个微型加工厂，也有必要写作创业计划书吗？

——非常有必要。想独立创业的人很多，真正创业成功的却很少。有的人明明条件具备却畏首畏尾，不敢迈出创业第一步，白白浪费了时机。有的人仅凭一时冲动，各方面未考虑周全就贸然出手，结果于左支右绌中黯淡收场。如果有一份完整的创业计划书，这两种情况都能够最大程度地规避。

亚信总裁田溯宁认为："没有一个计划模型而贸然创业是十分危险的。"一个酝酿中的项目往往是模糊不清的，通过撰写创业计划书，可以使一个完整可行的创业投资行为跃然纸上。就算你不需要通过创业计划书筹资、融资，也不需要用来申请微企，这份写给自己看的计划书也必不可少。

2011年盛夏的一天，一个高二男孩陪姐姐逛街，毒辣辣的太阳晒得人头晕眼花。姐姐随后说："太阳这么大，逛街又累又热，好可怜哦，要是在家就能逛街就好了。"

说者无心，听者有意。这个男孩听了，回家就开始思考如何借助互联网实现"在家就能逛街"。

思索了一晚，第二天一大早，男孩就给几个志同道合的同学打电话。他们讨论了整整一天，最终决定模仿淘宝做O2O。其区别有二：一是地域，淘宝覆盖的范围是全国，甚至境外，商品的交易依赖于快递，退换货极不方便，而他们只针对所在的县级市，送货、退货更加快捷；二是淘宝的店铺有不少是专业电商，而他们针对的是实体服装店——将实体店搬到网上，多一个销售渠道与宣传平台。此外，他们的盈利模式也有不同，他们靠收取成交价格的5%作为利润来源，同时兼做一些广告。

当不少"80后"还在迷惘时，这个"90后"男孩就召集了7个合伙人，凑齐了10万元的资金开始创业了。遗憾的是，项目运营4个月后，以亏损8万元而告终。

当你投入一次轰轰烈烈的创业之旅时，是否自问过：我真的准备好了吗？这个项目还有可以改进的地方吗？

如果做事后诸葛亮，可以看出他们的项目存在很多天生的死穴，可以说一出生就注定了死亡。首先，一个不足十万人的县级市有多少家服装店入驻（市场狭窄）？其次，有多少用户会使用并喜欢这种体验（姐姐的一句玩笑不足以说明问题）？而这些问题，如果在项目投入前写作一份详细的创业计划书，也许结果就会不一样了。

创业计划书是将有关创业的许多想法，借由白纸黑字最后落实的载体。归纳起来，它具有以下三大作用：

第一，帮助创业者理清创业思路，为今后实战提供行军地图。创业计划书首先是对项目可行性进行客观论证，其次是对创业的一次全盘检阅。一整套的行动计划，为企业提供了良好的效益评价体系和管理监控指标。也就是说，能让创业者在创业实践中有章可循。

第二，凝聚人心，吸引投资。创业计划书通过描绘新创企业的发展前景和成长潜力，能吸引所需要的人才。同时，这还是说服合伙人、天使投资人的有力工具。此外，入驻微企孵化园，获得政府创业直补以及各种优惠，多数时候都需要一份具有说服力的创业计划书。

第三，化解风险，规避陷阱。一份详尽的创业计划书，就好像有了一份业务发展的指示图一样，它会时刻提醒创业者应该注意什么风险，规避什么陷阱，并提前做好各种危机预案，降低了错误的概率与成本。

可以这么说，创业计划书本身就是创业中至关重要的一个环节，不可省略，亦不可随意应付。而且，建议创业者不要找人代笔，一定要自己亲笔写。如果对自己的文笔与表达能力不自信，可以在写好后再找人完善、润色，但主导权一定要在自己手里。否则，无论是对内自我检视评价，还是对外筹资融资，创业计划书的作用都将会大打折扣。

作为商用文书，创业计划书有其固有的的文本格式。一般来说，其基本构成版块依次如下：

1. 封面

封面如人的脸面一样重要。如果你想让自己的计划书给人留下良好的第一印象，那么在设计上尽量花点心思，赋予一定的美感。当然，也没必要过度设计、包装，做得浓妆艳抹、花里胡哨的。

2. 执行总结

执行总结也叫执行摘要或计划摘要，一般不超过两页。它涵盖了计划书的要点，浓缩了计划书的精华，力求用最简洁的文字让读者一目了然。因为是总结，所以要先写好正文后再写比较好。之所以放在正文的前面，是让读者在阅读正文之前对项目有一个基本认识。关于执行总结的写作，我们将会在下一节详细着墨。

3. 企业介绍

这部分主要介绍公司的一些基本情况，如公司的名称、地址、联系方式、宗旨，以及公司的发展策略、财务情况、产品或服务的基本情况、管理团队、各部门职能等。

4. 行业分析

在这一部分，要客观评价所选行业的基本特点、竞争状况以及未来的发展趋势等内容。具体到行业分析，以下几点不可不谈：

（1）该行业发展程度如何？现在的发展动态如何？

（2）创新和技术进步在该行业扮演着怎样的角色？

（3）该行业的总销售额有多少？总收入为多少？发展趋势怎样？

（4）价格趋向如何？

（5）经济发展对该行业的影响程度如何？政府是如何影响该行业的？

（6）是什么因素决定着它的发展？

（7）竞争的本质是什么？你将采取什么样的战略？

（8）进入该行业的障碍是什么？你将如何克服？该行业典型的回报率有多少？

5. 产品（服务）介绍

产品介绍应包括的内容有：产品的概念、性能及特性；主要产品介绍；产品的市场竞争力；产品的研究和开发过程；发展新产品的计划和成本分析；产品的市场前景预测；产品的品牌和专利等。需要注意的是，产品说明最好通俗易懂，尽量避免专业词汇满天飞。

6. 人员及组织结构

在这一部分中，要对团队主要成员加以阐明，介绍他们所具有的能力，他们在本企业中的职务和责任，他们过去的详细经历及背景。

此外，在这部分内容中，还应对企业组织结构做简要介绍，包括组织机构图，各部门的功能与责任，各部门的负责人及主要成员，报酬体系，股东名单，公司的董事会成员，各位董事的背景资料。

7. 营销策略

这部分主要介绍企业的发展目标、市场营销策略、发展计划、实施步骤、销售结构、整体营销战略的制定以及风险因素的分析等。具体可以从营销方式、销售政策的制定、销售渠道、主要业务关系状况、销售队伍情况及销售福利分配政策、促销和市场渗透、产品价格、市场开发规划和销售目标等方面进行介绍。

8. 投资说明

包括资金的需求、使用以及投资的形式，如资金需求说明、资金使用计划及进度、投资方式、资本结构、回报、偿还计划、资本原负债结构说明、投资抵押、投资担保、吸纳投资后股权结构、股权成本、投资者介入公司的程度等。

9. 投资报酬与退出

主要告诉投资者如何收回投资，什么时间收回投资，大约有多少回报率等情况。

10. 项目风险分析

主要介绍本项目将来会遇到的各种风险，如资源风险、市场不确定性风险、生产不确定性风险、成本控制风险、研发风险、竞争风险、政策风险、财政风险、管理风险、破产风险等，以及应对这些风险的具体措施。

11. 附录

附录是对计划书中所涉及的某些内容的补充与延伸。由于篇幅的限制，或从阅读的流畅性考虑，有些内容不宜过多展开讲解。这些没有细谈的内容，或参考资料、图纸，安排在附录中以备读者需要时阅读。

上海的小罗，在2019年年底成立了自己的公司。公司注册资金为50万元，其中他自己出资20万元，通过创业计划书筹到了30万元的天使投资。如何写出精彩的创业计划书，小罗有他的经验之谈。

1. 突出重点，言简意赅

要开门见山地切入主题，用真实、简洁的语言描述你的想法，不要浪费时间去讲与主题无关的内容。

突出项目的独特优势与竞争力时，少用空洞无物的字眼以及模糊的描述（如"时代的呼唤""历史的选择"之类的），多用数据、图表。如果你的计划书的写作周期较长，应注意及时更新有关资料依据。

尽量用简短的陈述句，少用长长的复句、反问句和双重否定句。如"现在许多国家都在开发可以独立操作机床、可以在病房细心照料病人、可以在危险区域进行作业的机器人"。这个复句不如改成"现在许多国家都在开发机器人。这些机器人可以独立操作机床，可以在病房细心照料病人，可以在危险区域进行作业"。再如"随着读图时代的来临，人们对图片的美化的需求不得不说越来越高了"。这种双重否定句不够简洁，还容易引起读者的歧义，不如改为"随着读图时代的来临，人们对图片的美化的需求越来越高"。

2. 脉络清晰，条理分明

计划书其实就是一个树状图——主干是如何实现营业循环和盈利，分支是我们在上面内容里所说到的11个"版块"。每一个版块各有侧重，但都是围绕主干服务。

这样的计划书脉络清晰，条理分明。投资者往往会在创业计划书看了一半的时候，向你提问前面或后面的问题，甚至是你没有想到的新问题。如果没有成熟的思考脉络，很可能被问住。

此外，创业计划书的内容多涉及面广，有些分析报告或调查是团队成员做的，有些资料是网上找的。这些来源庞杂的文字、数据，最后要由创业者统筹定稿，以免出现计划书零散、不连贯、文风相异、数据矛盾之类的问题。

3. 诚恳自信，不卑不亢

如果你对盈利都没有信心，外人看了肯定会更没信心；若你信心爆棚，言过其实，外人同样会对你丧失信心。所以，不要妄自菲薄，也不要狂妄自大。

如实写上你的职业经历，用肯定的方式来描述你的竞争优势。比如，说你能做的是什么，而不是说别人不能做的是什么。对于明显的一两家竞争对手，可以用很明确的方式写出来，比如，和淘宝的O2O不同，我们的平台能够做到……

4. 细致检查，认真修改

考场上的好成绩都是考生经过细致检查才得来的，报刊上的好文章都是作者多次修改出来的。细致的检查和修改，是一份完美的创业计划书所必经的阶段。检查和修改的过程是对创业计划书进行提升和提炼的过程，是进一步理清创业思路的过程，也是进一步夯实创业准备工作的过程。

CHAPTER 3

第三章

资金的筹措与运用

创业资金 5 万和 150 万,在我看来,对于一个懵懵懂懂的初次创业者,毫无区别。假如都倒闭,存活的时间上也差不多——你以为 150 万就能活长一些?嘿,才不会!

——老雕(阿芙精油、雕爷牛腩创始人)

创业就像进入一条黑暗的、看不到头的甬道，创业者一头扎进去，坚定地往前走，直到走出黑暗重见光明。在此期间，他除了要克服内心的恐惧之外，还需要备足支持其走下去的食物。这个食物，就是资金。

　　如果你没有中彩票，没有继承一笔丰厚的家产，没有富爸爸，也没有娶到阔太太，那么你迟早都需要为自己的企业进行短期或长期的融资。

　　没有资金支持，再坚强的意志力也无济于事。多数死在甬道口的创业者，并非不懂坚持，而是缺乏资金，无力坚持。

　　创业，若资金链断裂，怎么坚持？

预估资金需求量

　　无论投资哪个项目，都有一个导入期。在项目真正实现盈利之前，创业者必须有足够资金来确保能够顺利度过这一阶段，如果不能做到这一点，无论前期投入多少，都将有去无回，石沉大海。因此，在创业之初，创业者一定要预估出资金需求量，尽量做到有备无患。

　　下面我们以大家熟悉的酒楼为例，告诉读者如何预估资金需求量。

1. 启动资金

启动资金是指项目开业前所需的资金。也就是酒楼开业所需要的资金，包括：场地租金（或建设费）、装修、后厨设备、办公家具和设备、食料库存、营业执照和许可证、开业前广告和促销以及各种产生的杂费。

事实上，几乎每一个创业者的启动资金预算最后都会超支。给自己装修过房屋的人都知道：装修过后实际所花的钱，总是会比先前的预算多——无论你的预算是5万还是50万。因此，一些商场实战人士建议，金额算出来后，再乘以120%才会比较接近实际启动资金。

2. 运营开支

酒楼开起来，不见得马上就能收支持平。在达到损益平衡点之前，你需要资金支付场地租金、材料购买、业务费用、员工工资、保险以及其他（部分与前一项有重合）。这些开支你要仔细核算。同样，你要将核算的开支乘以120%作为最终结果。

3. 业务收入

酒楼开了起来，收入多少会有。在达到损益平衡点之前，你有多少现金收入？预测销售和销售收入是创业策划中最重要和最困难的部分。大多数人都会过高估计自己的销售，实际上，在开办企业的头几个月里，你的生意大概率不会太好。

此外，你还要考虑有些销售属于赊账（月结、季结甚至年结）。对于制造业来说，收承兑汇票也是需要考虑的。商场实战人士建议，你最好将预估的收入打个折，也就是乘以80%。

合并同类项后，将启动资金加运营开支，再减去业务收入，就是你创业所需的资金需求量。注意考虑到资金安全阀值，这三组数据都是乘以120%或者乘以80%之后的数据。

需要指出的是，创业者面临的绝不只是创业启动资金的筹措，生存与发展期间都可能需要外部资金的补充。因此，融资是创业永远的功课，不管你的企业有多大。

丛林法则奉行的是"剩者为王"而非"胜者为王"。能剩下，你就是老大，不是老大也终会成长为老大。"剩者为王"的丛林法则，造就了美丽、富饶的森林。创业小微企业就像丛林里的嫩苗，只要想方设法活着，总有机会拥有自己的一片土地、一片蓝天。

如何解决资金缺口

每一个创业者在创业之初，都有一段辛酸的资金募集史。除了因个人初涉商场信誉不足外，设想中的创业项目也不见得被外界所看好。

最直接的筹款方式，当然是用自己的钱去创业。你不需要说服别人，只需要说服自己。一些创业成功人士建议首次创业最好是主要用自己的钱，理由有二：一是因为是自己的钱，所以使用更加谨慎；二是你投了主要的钱，间接说明你对项目有充足的信心。

创业路上，一分钱逼死英雄汉。那么创业资金缺口究竟如何解决？

作为小微企业，筹集的渠道有如下几种：

1. 从朋友或亲戚处借钱

本钱不够，亲友来凑——相信这是绝大部分创业者的第一反应。因为有亲情或友情的"担保"，从亲友处借钱相对来说难度不大，融资成本也不高（有的不要利息，要利息的一般也不高）。有个创业者，家里一贫如洗。他高中没读完就去了广东打工，工厂包吃包住，月薪只有一千元左右。

两年后辞职回老家，拿出2万元的存折，又从亲戚朋友那里借了4万元，买了辆二手水泥罐子车跑运输，现在名下有几十辆车了。为什么家里一贫如洗还能借到4万元钱？其中很关键的一点就是他自己储蓄了2万元。

尽管不多，但亲友们相信这个月薪1千元却能年存1万元的青年。所以人一定要养成节省的习惯，日积月累坚持储蓄。即便你因为收入不高而储蓄较少，这笔看起来不大的储蓄也能帮你赢得信任。

2. 从银行或金融机构贷款

作为小微企业创业者，以创业为由想从银行贷出一笔资金，可谓难上加难。但如果你有足够的抵押、担保，就容易多了。将房产抵押，或请愿意给你担保的人作保（很多地方有公务员担保就可以顺利贷到款）。

抵押、担保贷款属于个人贷款，只要抵押手续符合要求，贷款人不违法，银行不问贷款用途。不过，无论抵押还是担保，其中的风险不可忽视。如果你的创业失败了，将可能失去抵押物，或将担保人拖下水。因此，向银行借钱创业需要慎之又慎（企业在正常经营中向银行贷款则另当别论）。

3. 合伙融资

合伙融资是找一个看中项目的投资人。客观地说，绝大部分小微企业的盈利都是较为微薄的，特别是创业头几年。一个盈利微薄的微企，两个甚至更多人摊下来，也许你连打工的薪水也分不到。

因此，除非是一个颇具成长性的项目，否则最好不要单纯为了筹集资金而找人合伙。

曾有一个年轻女孩，因为手头资金不够而找好友合伙，盘下了一个小小的礼品店，总投资不过两三万元。好友继续上着她的班，这个女孩则全心守店。这样的合伙能走多远呢？很快，她们就转让店铺，散伙了。一共亏了5千元。亏钱不多，但何必折腾那么几个月呢？

4. 从供货商处赊购

这一点被不少创业者所忽视。在零售业中，有一些商品是可以赊销的——卖完结账或给一定的结账周期。在制造业中，有些原材料可以从供货商那里赊一部分账。不过，大多数供货商对新企业都会比较谨慎，即使给予一定的优惠，力度也不会很大。慢慢建立起信任后，其支持的力度也会随之增加。

5. 风险投资

如果你的项目属于高新技术产业，既具有创新精神又具有发展潜力，那么可以考虑引进风险投资（也叫创业投资）。像百度、搜狐这样的网络公司，创业之初也不过只有"两三个人、七八杆枪"。只是因为不断得到VC的融资，这些公司才最终从一大批同类中脱颖而出。关于风险投资，我们将会在下一节详谈。

6. 争取政策扶持

好好研究一下当地政府对于小微企业的扶持政策，比如，是不是有资金直补（一般为3万~5万），能否免费入驻创业园等。

7. 创业大赛

此外，你还需要留心各种官方或半官方的"创业大赛"之类的活动。特别是地方性的比赛，获奖门槛不高，前三名的奖金一般都是好几万。前十名也常常有诸如提供免费场地、微企申报绿色通道等奖励。

参加创业大厦既拓展了视野，结交了师友，完善了创业方案，又能得到自己创业的补充，何乐而不为？再说，就算你的项目没有获奖，没有得到多数人的认可，你也可以完善项目方案，或直接放弃，这是不是也是一种收获？

8. 其他

如以互联网技术为依托的网络小贷、众筹。这些既新颖又实用的融资渠道，也会对新起步的创业项目提供很大的支持。

最后需要提醒创业者的是：千万不要脑袋发热，将创业资金筹集的目光投向高利贷。根据调查，小微企业的平均寿命为2.5年。即便存活下来，在人工成本与原材料涨价的大环境下，小微企业的利润也会被一再压低。因此，借高利贷创业无异于刀口舔血。

牵手天使投资

"风险投资"这一词语及其行为，通常被认为起源于美国，是20世纪六七十年代后一些愿意以高风险换取高回报的投资人发明的。这种投资方式与以往抵押贷款的方式有本质上的不同，风险投资不需要抵押，也不需要偿还。

如果投资成功，投资人将获得几倍、几十倍，甚至上百倍的回报；如果失败，投进去的钱就算打水漂了。对创业者来讲，使用风险投资创业的最大好处在于即使失败，也不会背上债务。

然而，风险投资青睐的是那些已经成立了的、项目潜力大的公司，说白了就是什么都不缺，只缺钱用来大肆复制、扩张的公司。风险投资单笔投资少则几千万、多则上亿，对种子期的小微企业基本无兴趣。

好在还有天使投资可以寻求牵手。天使投资指具有一定净财富的个人（或机构），对具有巨大发展潜力的初创企业进行早期的直接投资，属于一种自发而又分散的民间投资方式。天使投资人多为成功企业家及有闲钱的富有人士，既可以是亿万富翁，也可以是你的邻居、家庭成员、朋友、同事、供货商或任何愿意投资公司的人士。

天使投资关注项目最前期，常常只需要一个创意就行。单笔投资额不大，十万、二十万的很常见。最经典的案例就是Google了。1998年，两位还没毕业的穷学生拉里·佩奇和谢尔盖·布林向Sun公司的共同创始人安迪讲述了他们的创业梦想，并演示了他们的搜索引擎软件之后，安迪就给了他们一张10万美元的支票。这笔钱让Google顺利诞生。

而安迪的10万美元后来演变成近3亿美元的回报。此外，亚马逊网站、苹果公司、星巴克等著名企业都是在天使投资人的帮助下开始的。张朝阳也是得到他的老师提供的二十多万美元的天使投资，才诞生了搜狐网。百度和亚信的诞生，也分别来自于一笔120万美元与25万美元的天使投资。

在国内，一批曾受益于天使投资和风险投资的企业家，在其企业上市或出售之后，手持大量资金，以天使投资人的身份再次投身于创业圈，扶持在他们眼中富有潜在价值的初创期甚至是种子期的企业。比如雷军、蔡文胜、沈南鹏、史玉柱、江南春、钱永强、周鸿祎等一批具有代表性和成功创业经历的天使投资人，他们讲究广种薄收，往往一个项目成功就能弥补几十个、上百个项目的亏损。

天使投资一般分为三种：

1. 支票天使——他们相对缺乏企业经验，仅仅是出资，而且投资额较小，每个投资额约5万~20万元。

2. 增值天使——他们较有经验并参与被投资企业的运作，投资额也较大，约20万~200万元。

3. 超级天使——他们往往是具有成功经验的企业家，对新企业提供独到的支持，每个投资案的投资额相对较大，一般是百万、千万级别的。

曾经有个笑话：创业者想得到天使投资，需要找3个F——家人（Family）、朋友（Friends）和傻瓜（Fools）。一个自称为"傻瓜"的国内著名天使投资人是这么阐述他的投资标准的："首先，你是一个聪明人；其次，必须要有诚信，这比智商还重要；第三，需要较高的情商，非常聪明但不懂和人打交道，不懂感受市场的人很难成功；最后，你是否对所做的行业有一往无前的痴迷，所谓干一行，爱一行。正如马化腾对产品经理的热情，李彦宏对搜索的热情，这些人都是死磕，他一定要干这个事。"

此外，该天使投资人还补充说："创业者所做的产品，是要看到别人没有看到的趋势或者能创造一个前所未有的趋势，这个趋势不能够是出于自己的兴趣，我们希望看到真实的市场需求。"

如果你的项目符合以上标准，那就带上你的创业计划书和PPT，去寻找你的"天使"吧。记住，最好不要说"我就是下一个英特尔"之类的话。"对于这样的公司，我们是不会投的，因为企业不是吹出来的，"清科创投集团创始人、CEO兼总裁倪正东曾经这么说。

现在流行众筹

"众筹"的意思可以理解为：我有一个梦想，请大家筹款帮我实现！
可是，"大家"凭什么帮你实现？
我们先看一个案例。

痴迷于动画创作的梁旋，在2004年与朋友做了一部10分钟的半成品动画片《大鱼海棠》。十年来他一直想将这部动画片做成电影，但在资金上历经坎坷。

2013年6月，动画电影《疯狂原始人》上映，一举拿下4亿票房，这让梁旋兴奋不已。他感觉自己重启《大鱼海棠》的机会到了。他在6月初于新浪微博发布长微博，阐述自己多年的寻梦之旅，获得了5万多次的转发。

6与中旬，筹集资金的信息出现在一家众筹网站。有个在海外读书的小姑娘由于喜欢《大鱼海棠》，将这个消息告诉了自己的母亲，这位母亲则专程为梁旋在杭州组织了一帮投资人，让梁旋去跟他们交流。

45天里，共有3596人出资，少的只捐了10元、50元，多的则高达50万。梁旋筹集了158万元。相对2 000万的投资目标来说，虽然还有很大的缺口，但因众筹而引起了不少投资人的关注。这些深度潜水的大鳄们主动找到梁旋，最终落实了投资方与发行方。

一个投资2 000万元的项目，就这样获得了资金来源，顺带还做了一场市场预热。我们有理由对这部电影的票房看好。这是互联网时代特有的神话。

众筹最初是艰难奋斗的艺术家们为创作筹措资金的一个手段，现已演变成初创企业和个人为自己的项目争取资金的一个渠道。例如一度红遍全国的"很多人的咖啡厅"——

2011年1月7日，"蚊二妞"在豆瓣网"吃喝玩乐在北京"小组上发了一个题为《我们用2 000块钱来开咖啡馆吧》的帖子。在这个帖子中，蚊二妞这样写道：每天背靠阳光面朝电脑坐在办公室的时候，我总是想面对阳光端上一杯咖啡……

进而，我又很奢侈地想：我要开咖啡馆……所有和我一样想开咖啡馆的朋友，拿不出几十万、上百万，也不可能辞掉工作专门开店，自己也承担不了那么大的风险。大家一起来做一个咖啡馆，用我们一点点的钱，一点点的时间，凑成很多的钱，很多的时间。名字就叫响亮的"很多人的咖啡馆"。2011年9月10日，很多人的咖啡馆在北京正式开业。

众筹发源于美国，是指用团购+预购的形式，向网友募集项目资金的模式。众筹利用互联网和SNS传播的特性，让小企业、艺术家或个人对公众展示他们的创意，争取大家的关注和支持，进而获得所需要的资金援助。

众筹不但在资金上对创业者有巨大的意义，同时也是一种极好的营销工具。众筹的结果，本身就是一份市场调查——在你的产品上市之前，就知道市场对你的产品是否认可；在众筹的过程中，与用户的交流可以帮你改良产品，优化项目；对公关能力较弱的初创公司来说，众筹无疑是一次难得的曝光机会。

众筹具有这样一些特性：

1. 众筹的特征

（1）低门槛：无论身份、地位、职业、年龄、性别，只要有想法、有创造能力都可以发起项目。

（2）多样性：众筹的方向具有多样性，在国内的众筹网站上的项目类别包括设计、科技、音乐、影视、食品、漫画、出版、游戏、摄影等。

（3）依靠大众力量：支持者通常是普通的草根民众，而非公司、企业或是风险投资人。

（4）注重创意：发起人必须先将自己的创意（设计图、成品、策划等）达到可展示的程度，才能通过平台的审核，而不单单是一个概念或者一个点子。

2. 众筹的构成

（1）发起人：有创造能力但缺乏资金的人；

（2）支持者：对筹资者的故事和回报感兴趣的，有能力支持的人；

（3）平台：连接发起人和支持者的互联网中端。

3. 众筹的规则

（1）筹资项目必须在发起人预设的时间内达到或超过目标金额才算成功。

（2）在设定天数内，达到或者超过目标金额，项目即成功，发起人可获得资金；筹资项目完成后，网友将得到发起人预先承诺的回报，回报方式可以是实物，也可以是服务；如果项目筹资失败，那么已获资金全部退还支持者。

（3）众筹不是捐款，支持者的所有支持一定要设有相应的回报。

4. 众筹成功的关键

（1）筹集天数恰到好处：众筹的筹集天数应该长到足以形成声势，又短到给未来的投资者带来信心。在国内外众筹网站上，筹资天数为30天的项目最容易成功。

（2）目标金额合乎情理：目标金额的设置需要将生产、制造、劳务、包装和物流运输成本考虑在内，然后结合项目本身设置一个合乎情理的目标。

（3）支持者回报设置合理：对支持者的回报要尽可能地实现价值最大化，并与项目成品或者衍生品相配，而且应该有3~5项不同的回报形式供支持者选择。

（4）项目包装：据统计，有视频的项目比没有视频的项目多筹得114%的资金。但国内的项目发起人，大多不具有包装项目的能力。

（5）定期更新信息：定期进行信息更新，以让支持者进一步参与项目，并鼓励他们向其他潜在支持提及你的项目。

（6）鸣谢支持者：给支持者发送电子邮件表示感谢或在你的个人页面中公开答谢他们，会让支持者有被重视的感觉，增加参与的乐趣，这点也常常被国内发起人忽视。

永远别碰高利贷

"今天晚上我就要结束我的生命了。"2014年元月2日晚，山东某县的高老板打电话给一个记者，开头第一句就这么说。

高老板是山东某县一家中型规模民企的老板。尽管企业生意红火，但借下的870万元高利贷，已让他无法喘息。他为此一年光是利息支付就高达600万！

年关将至，亲戚朋友及七八个高利贷公司天天上门追债，逼得高老板万念俱灰。高老板在电话里诉苦："高利贷太多，实在周转不开。这两天银行贷款刚刚到账，全都还了高利贷。其余的债主闻讯后今天也全逼上门来。亲戚要我还钱，股东要求撤股，放高利贷的要封公司的账。我实在没办法了！"

高老板挂了电话之后，记者通知了他的合作伙伴。经过一番寻找，发现他独自坐在厂房一个黑暗的角落里，面如死灰。

高老板身边不少做生意的朋友，也和他一样陷入高利贷的绞索。少的借了数百万，多的高达上千万。这些企业主的企业年产值均在千万以上，生意红火、利润高涨，但却远远追不上滚动着的高息。他们被放贷者以各种形式天天追讨，不胜其扰。

高老板的企业于1999年创立，发展势头一直很好。截至2013年，企业年产值4 800万元。此前，高老板的企业一直靠自有资金滚动发展，少有贷款。2009年，企业为了进口日本设备，扩大产能规模，开始从银行贷款。

最多时，高老板总共从银行贷了1 400多万元。每逢银行贷款到期，为了还款、续贷，高老板便尝试借高利贷来周转。2011年，他借的高利贷只有100多万元。不到三年的时间，他在银行贷款与高利贷拆补中就形成了870万元的黑洞。

创业的原因之一是为了不再给人打工，而创业过程中借高利贷，不仅又变回了给人打工的情形，还沦落到给人当"孙子"的境地。讨债时，放高利贷者会根据轻重缓急采取不同方式。

有的只是电话催讨，有的则会派人紧随，更有甚者恐吓、绑架。最让企业老板感到头疼的是，放贷者会到法院申请查封企业账户。一旦企业账户被封，各家银行就会纷纷抽贷，企业就会因资金链断裂而崩盘。

"每天晚上躺在床上，都盼望着不要天亮。因为第二天早上一睁眼，就意味着多欠高利贷公司两万块钱。别看我现在开着轿车、开着工厂，可能明天就都让高利贷公司收了去。"高老板坦言，七八个高利贷公司天天讨债，他每天出门上班都需要硬着头皮，鼓足勇气。

看到这里，你是不是倒吸了一口冷气？

创业者要有足够的自制力，在任何时候都要克制住借高利贷的冲动。借高利贷创业等于吞枪自杀，借高利贷来维持经营则等于找绳上吊。即使是有十成的把握在短时间内归还高利贷，并且可以因此而赚回极为可观的利润，也坚决不要借！

这是一个原则问题。这一次你侥幸通过高利贷周转赚了，又会有下一次，下下次……诱惑总会有，而你不可能保证你的资金回报率超过高利贷的利息。此外，稍微一个小意外，例如，银行不续贷或推迟放款时间，或货款回笼滞后，你就会陷入泥潭难以自拔。这样的例子多如牛毛，要引以为戒。

财务上公私分明

大多数小微企业创业者，往往也是企业的所有者。他们视企业为自己的家，顺带也视企业的资金为自己的钱（自己的钱也就是企业的资金）。

在这种状况下，个人现金与公司现金混杂。自己要花钱时，直接从收取的货款里提取，甚至看到股市行情好，还能抽出一些流动现金短期炒炒股。这种公私不分的现金管理，最容易将企业的资金抽干而不自知。

老孙就犯过公私资金不分的错误，最终导致企业陷入困局。2018年，老孙开了一家家具厂，生意一直不错，老孙的兜里经常装着大把的现金（货款）。身上的现钱充足，花起来就不觉得。虽说不上挥金如土，但花起钱来也是派头十足。加上他急公好义，朋友有什么难事要借钱他也不含糊。

结果，生意做了三四年，理论上是赚钱不少，实际上细算起来到手的却没有多少。从2021年年初开始，老孙的生意便开始冷清了。没有昔日大量的货款进账，老孙很快就感觉到了资金周转的压力。现在，老孙一面努力地回收先前借出的款项，一面四处求爷爷告奶奶地借钱，在捉襟见肘中苦苦支撑着企业。

"公司财产也是我的财产，我为何不能动？"不少私企老板一谈到企业与老板个人应公私两分明时都会如此反问。公私账目混乱的情况已是屡见不鲜。账目的混乱会直接影响到企业财税规划，企业主只是企业的法人代表，并不能因此将公司财产与个人家庭财产混为一谈。

事实上，私营企业想要做大做强，除了和经营有关，和企业的财务管理制度也密不可分。往往现金流出现问题便有可能导致企业衰落。将公司和家庭的财务分开独立核算，这具有两方面的功能：一方面可以使得企业主家庭合理避税；另一方面可以避免将家庭财务风险与企业财务危机交叉混合。

不少企业主将自己的开支都列在企业账目上，甚至买车买房都列入公司账目，以此来降低企业应缴纳的税收。但是这些项目列入公司账目上，往往会得不偿失。虎门有个服装厂的老板，为了避免缴纳税费，便用公司的名义购买私人物业，不幸公司破产，私人物业也被用作公司财产偿还债务。

另一个做实业的朋友老王就不同了。老王开的是一家农机厂，生产农村用的小型收割机，生意一直平稳上升。老王创业的最初两三年，他给自己定下的工资为每月8 000元。每月的8号，厂里发工资时，老王也准时给自己开一份。

每月，个人的开支与厂里的开支严格分开。个人开支若超支，绝不从厂里挪用，另想其他办法。在每年公司盈利后，再把一部分资金以分红的形式转移到家庭财富中去，随着公司的发展不断增加家庭财富。

创业十年，老王住上了好房，开上了好车。原先只有一百多万固定资产的小工厂，通过企业赚来的钱滚动发展，自己买地、建厂房、添设备，现在的固定资产已超千万。

所以，创业者要想做到公私财产分明，有必要从给自己发工资开始，以免事业被家庭所累，或家庭被事业所累。

计算损益平衡点

某创业者在十多年前与几个朋友合伙，投资50万元开了一家小型铸锻厂，租用的场地来自一个倒闭的乡镇企业，每年租金10万元。除了添置了一些二手的车床、刨床之外，原先厂里的一些旧设备将就着使用。

铸锻厂生产的是大型塔吊上所需的各种连接套，业务也还算过得去。为了便于核算，他们将生产连接套的每一个工序都进行分解，然后以计件的方式支付工人工资。打个比方，生产A型连接套，整个工序需要支付20元的工资，加上钢材成本50元，那么这个连接套的制造成本就是70元。如果售价为100元，那么毛利就是30元。

每年，厂里生产与销售的连接套有一两万个，但连续三年都没有分红。企业的合伙人都感到纳闷，明明生产一个连接套有30元的利润，怎么一年到头总是赚不到钱？

道理其实很简单，原来，他们的营业额始终在损益平衡点上下徘徊。所谓损益平衡点，是指产销数量在某一数额时，无利益之获得，也不发生损失，收入恰等于成本费用，损益为零。其公式为：公司损益平衡点=固定费用÷（产品单价－变动成本）。

比方说一个包子铺，每个月包括工资在内的各项固定开支为1万元（不包括做包子的原料成本），一个包子售价为1.2元，成本为0.7元，那么，这个包子铺每个月需要卖2万个包子——也就是达到2.4万元营业额，才能保本。

做不到，就要亏本。这个2.4万元月销售额，就是该包子铺的损益平衡点。包子铺的设备投资很小，在此忽略设备折旧。而现实中的企业，在计算损益平衡点时往往要比"包子铺"复杂很多。

例如前述的铸锻厂，单纯看每销售一个连接套有毛利30元，但是房租一年要10万，每年的各种业务费、招待费不少于10万，再加上电费、焦煤消耗、进原料的运输费、送连接套的运输费，设备维持保养，机器易耗品更换，还有资金周转不灵时所产生的民间借贷利息，货款回笼时支出的承兑汇票贴现利息……一年的开支至少是四五十万。

更重要的是，作为加工厂，设备折旧是必须计算进去的。这么一算下来，他们不但不赚钱，甚至还在亏本。

因为连续三年没有赚钱，其他股东闹着要退伙。创业者花了一个星期的时间，计算出铸锻厂的损益平衡点，然后将数据摆在股东面前。

他的盈亏平衡点是怎么计算的呢？公式看上去非常简单，但实际计算起来牵涉面很广。固定费用包括工厂租金和设备折旧以及固定业务开支（业务费约有一半属于固定费用，另一半属于变动费用），得出的数字是18.5万元。

变动成本包含的就多了，计算也较为复杂。变动成本中的材料与人工还好计算（分别50元、20元）。电费、焦煤消耗、运输费、设备维持保养、机器易耗品更换，以及借贷利息与承兑汇票贴现（黑市贴现收费达3%以上）及部分业务费用，以上年度总支出除以销售的连接套数量，得出的数字是19.5元。

因此，变动成本总计为：50+20+19.5=89.5元。

公司损益平衡点=185000÷（100—89.5）≈17619，单位是个（换算成销售额是176.19万元）。也就是说，工厂一年需要销售17619个A型连接套，才能实现保本。超过这个数字，一个连接套可以赚10.5元，而不是先前让人乐观的、笼统的毛利30元。

看到这份数据之后，合伙人都沉默了。他们原本以为能赚大钱的工厂，看来利润也不过如此，即使销售再翻一番，一年的利润也不过20万元左右，几个合伙人一分就更少了。于是他们要求退伙。

创业者判断国内房地产将持续向上，认定塔吊需求旺盛——以为连接套的需求也会旺盛。于是他一个人将厂子盘了下来。为了提升销售额，他筹资更换了两台落后的旧机器，这两台机器不但加工速度慢，而且经常需要维修，影响生产效率。

此外，他又购买了三套其他型号的连接套模具，扩大了产品线。在更换机器与扩大产品线之前，他计算了损益平衡点：年销售额为230万。顺便说一下多种产品的损益平衡点的计算——

A、B、C三种产品，预计A占销售额的50%，B占30%，C占20%，则公式为：公司损益平衡点=50%×固定费用÷（A产品单价—A变动成本）+30%×固定费用÷（B产品单价—B变动成本）+20%×固定费用÷（C产品单价—C变动成本）。

盘下厂子的第二年，他将销售目标定在300万。当年实际做了350多万。然后，伴随房地产行业的发展，带动塔吊生意，继而带动连接套（塔吊配件）的销售，连接套不仅利润走高，销售量也一年年增加。

同时，他逐步淘汰了厂里的旧机器，将产品的质量与产量不停提升，几年之后，就成了当地一家颇有名气的企业。

生活中，我们在形容一个精明人时经常会用"算计"这个词，一般作为贬义。但人在商场，一定要会"算计"——经常算算，再做计划。算的目的不是要得出一个数字，而是根据这个数字来评估项目，制定计划。

特别是创业，你不算算损益平衡点，心里根本就没有一本账，怎么列资金计划，做年度销售目标与市场拓展计划？迷迷糊糊，误打误撞，怎么赚得到钱？

就像上述创业中，当事人如果事前计算过损益平衡点，或许有些人就不会入伙。而入伙的人，一定会将焦点锁定在损益平衡点上，想方设法突破它。怎么突破？两台影响生产效率与延误工期的机器必须更换，连接套的产品线必须扩大。不能做到这两点，就赚不到钱。

根据调查，超过半数以上的小微企业创业者从来没有仔细算过损益平衡点。这一点值得大家警惕。请相信：磨刀不误砍柴工。

节省每一分创业资金

从开张那一刻起，公司的命运就进入了倒计时状态。沙漏里不停地流出公司账户里的钱，而你必须在其耗光之前让公司具备盈利能力。

蒋晖在读大四时，因为一个创业点子被某老板看中，投了300万元的天使投资，股份对半分。在公司成立三年后，蒋晖在网上发表了一篇《实战心得：年轻人创业的困境与无知》，其中有这么一段话：

我的第一个100万我们是以单位"万"来花的，一掷万金；第二个100万我学会了以单位"百"来花，知道钱要花得对才行了；而第三个100万我才知道钱应该按单位"元"来花的，因为赚每一元钱都是很难的。

马云说过，他们成功的一大原因是因为他们没钱，因为没钱所以一直省钱。我们一开始的确"太"有钱了，眼中只有美好的一面。刚刚讲到我们30人的时候每个月要花掉10万元，成本很大，更可怕的是没有收入！

蒋晖可谓少年得志，在拿到300万元的投资之后，用50多万签订了设备长期租赁合同，又组建了一支以硕士为主的30人超级团队（甚至搬运工也是硕士），采购上也是大手大脚。结果，不到一年，就烧了100万元。眼看资金的沙漏日夜不停地只漏不进，他只好大肆裁人、换人。

30个人变成10个人，搬运工变成高中生……一番闪转腾挪，在300万元即将枯竭的前夜，终于让公司扭亏为盈，并稳步上升。

蒋晖感概地说，如果让他重来，他保证只要200万元就能做好这差不多烧掉300万元才成功的项目。

人生不能重来，蒋晖用100万元买来的沉痛教训，希望能警示每一位后来者。对很多创业的小微企业来讲，百废待兴，处处都要花钱——房租、装修、办公家具、办公电脑、办公耗材、员工工资预留、业务费、运营费、水电费、电话费、网费、差旅费、招待费等，每一个环节都需要尽量节省。通过节省来降低成本，则可以增强产品的价格竞争力。

海外温州商人、巴黎飞天公司总经理张远亮说：

我初创业时租的就是那种最便宜的顶层小阁楼，30平方米，一台机器每天转，再加一张桌子，晚上用来睡觉，白天用来做工。工人是回乡找的亲戚朋友。我们来巴黎的温州人几乎都是这样——不断从家乡找来兄弟姐妹一起做，所以很多人出来的时候孑然一身，回乡探亲时已经是妻儿亲戚十几口人。

我们起初甚至捡来犹太人扔掉的布头或碎皮，做成小钱包出售。同样一条皮包，别人卖25块，我卖20块。压低了成本和价格的货品，市场很快就光亮起来。

有不少创业者，第一次创业都是用的二手办公家具。每天都有新公司开张，也有旧公司歇业，这些歇业公司的各种办公家具与设备非常齐全，而且便宜，要是打包买，八九成新的家具价格只是全新家具的五分之一。

此外，有些公司搬家或更换新家具，总会处理一些旧的办公家具，价格会非常便宜。

你确定每个员工都需要一台电脑、一个电脑桌、一把椅子，以及一个一平方米的工位吗？你算过写字楼的日租金是多少吗？往外跑的业务员几人合用一台电脑就可以了。

你是否想过固定资产会如何伤害你的财务健康？一台电脑除了花费你一次性数千元的投入，还给了员工一个假装工作的道具；一台打印机除了经常花费你的维修费用，还在吞噬你的纸张和喷墨。减少硬件投入，也就是减少各项折旧费用，把文印业务外包吧。当然也不能买公车！你可知道车一买回来就会贬值，养一台车比养一个员工还贵，让他们打车吧！

如果你的企业必须养着几辆车，那你要小心了，它们背后的维修费、燃油费、过路费、养路费和保险费，都会变成你的负担。所以，管好你的车就意味着可以省下不少钱。司机要承担一定的责任，以该车的耗油量定出一个月的使用额度来，司机要承担超额的费用；指定维修厂家，更换的元件要交还公司。当然，最好是让员工自己打车，但出租车票需要写明去哪、找谁、做什么，经理签字后才能报销。

此外，人力成本也是一个必须考虑的问题。对于一个初创的企业来讲，没必要建立系统而全面的人力资源配置。有些不是经常性的工作，可以考虑外包。养一个人，哪怕月薪3 000元，加上五险一金、必要的福利，实际开支也会在5 000元左右。

我们前面说过的蒋晖，公司开业后人员很快就达到30人，一堆"行政"，各个岗位分工很细，公司的构架是从管理学图书上学的。结果一个月的人力成本要十几万。后来烧钱烧得实在心慌，就大举裁人，只剩10个，并将一些不重要的岗位换成低学历人员以达到降薪目的（看来他当时不是以岗定薪而是以人定薪）。

作为创业者，身兼数职，加班工作应该是正常情况。在蒋晖的裁人行动中，仅有的两个设计人员都被裁掉了。他在一个星期内学了PS平面设计、视频制作，自己往上顶。除此之外他又兼客服（前台被裁）、后台流程监督（专人被裁）。除继续管理业务员外，他还见缝插针外出跑销售。

这样的结果是，在没有影响公司正常运行的基础上，每个月节省了约70%的人力成本。资金的沙漏流速大减，扭转局面的空间陡增。

总之，一定要养成节俭的习惯。大至出差的交通食宿，小至办公室的水电纸张，都要算细账。再小的开支，对整个公司的长期运营来讲都是不小的数目。对创业而言，任何"昙花一现"的壮观都比不上创业成功更有面子。生存第一，剩者为王，只有先存活下来并努力长大一点。否则，所谓的面子都只是无本之木。

成功的企业家都会不断地向他的员工灌输低成本的观念。石油大王洛克菲勒曾经质问一个炼油经理："你们提炼1加仑原油为什么要花1分8厘2毫？东部的一个炼油厂干同样的工作只需花9厘1毫！"这不仅仅是9厘1毫的区别，而是成本翻倍的区别。

春秋航空是著名的低成本航空公司，他们的航班只免费提供一瓶300ml的水，盒饭需要另付费。春秋航空董事长王正华规定，管理层国内出差须住三星级以下的酒店，出国会更惨——坐地铁，住地下旅馆，吃方便面。

创业之初不赚钱是正常的。如果你学会节省、节俭，那么，省钱就是赚钱。你每省下的一分钱，都将是你鏖战商场的子弹、粮草。创业中赚了大钱，也不可铺张浪费。

节约、节省的意识深入了创业家的骨子里，和他手里有多少钱无关。没钱时捂得紧袋子，有钱时抵得住诱惑。唯有如此，才可能在漫长的创业路上走得更远。而那些挥金如土的土豪们，在他们的奢靡成为报刊、网络上的新闻时，就宣告他们破产的时间已经接近了。

看得懂三大财务报表

很多人刚刚创业的前几个月还能坚持记账，可慢慢地就成了一笔糊涂账。他们觉得反正肉烂在锅里，记账不会多出一分钱，也不会少一分钱，因此何必那么麻烦。这真是大错特错，记账的目的不仅仅是搞清楚钱有没有少，更重要的是进行财务控制与分析。一创业前辈谈及初涉商海，是这么说的：

我的感觉，在开始创业时，一定要略知财务。你需要做好项目规划，可行性分析，当然包括财务预测及预算，做到有计划性。这是最重要的一步，通过财务分析，你可以知道你究竟怎么去掌控公司，保证现金流，避免风险。

否则，你会经常遇到突然没钱开工资、交房租、付款提货等火烧眉毛的时候，然后就找家人、亲戚或朋友借钱，这都是很尴尬的事情。

我当初就是如此，因为那时没有什么投资人，只能自己找人借。现在回想起来，实际是没有做好财务预算和预测，就凭脑子计算，凭感觉。

现在，公司规模越来越大，我聘请了一些外企、上市公司的人加入公司，管理也越来越规范，财务管理也越来越重要，这种感触也越来越深。

有三大财务报表是创业者必须读懂的：损益表、现金流量表、资产负债表。

损益表，也叫利润表，依据"利润＝收入－费用"来编制，主要反映一定时期内（月度、季度、年度）企业的营业收入减去营业支出之后的净收益。通过利润表，你就知道企业在这段时间究竟是赚还是赔，以及赚了多少，赔了多少。

这张表能给你提供很多思考方向与决策依据。比如，差旅费过高，原因何在？有什么办法节省吗？企业的各个业务带来的利润所占比例如何？A业务没有预想中好，是加大销售力度还是放弃？B业务比预想中好，是不是需要深挖价值作为企业主要利润来源？如此种种，如果没有损益表，就不会有直观而清晰的认识。

现金流量表反映了企业在一定时期内（月度、季度、年度）现金流入和现金流出的动态状况。在黯然倒闭的企业中，有不少原本可以成功的，但仅仅是因为某段时间内缺少一笔现金，结果引起连锁反应导致全盘崩溃。

资产负债表是反映企业在某一特定日期（如月末、季末、年末）全部资产、负债和所有者权益情况的会计报表，是企业经营活动的静态体现，根据"资产=负债+所有者权益"这一平衡公式，依照一定的分类标准和一定的次序，将某一特定日期的资产、负债、所有者权益的具体项目予以适当的排列编制而成。它表明企业在某一特定日期所拥有或控制的经济资源、所承担的现有义务和所有者对净资产的要求权。它是一张揭示企业在一定时点财务状况的静态报表。

利用现金流量表内的信息与资产负债表和损益表相结合，能够挖掘出更多、更重要的关于企业财务和经营状况的信息，从而对企业的生产经营活动做出更全面、客观和正确的评价。

对于小微企业来说，资产负债表在每年年底制作一次就可以了。损益表通常反映企业一个月的业务表现，资产负债表则更像是对企业业务状况的年度总结。它的基本结构是"资产=负债+所有者权益"。

从会计角度看，目前企业拥有的一切都叫资产，所欠的钱就是负债，拥有的资产减去所欠的负债就叫所有者权益——也就是企业资产净额。不论公司处于怎样的状态，这个会计平衡式永远是恒等的。

创业者通过资产负债表，可以看出公司资产的分布状态、负债和所有者权益的构成情况，据以评价公司资金营运、财务结构是否正常、合理；分析公司的流动性或变现能力，以及长、短期债务数量及偿债能力，评价公司承担风险的能力。作为企业负责人，可以通过资产负债表清晰地了解企业资产负债情况如何。

经营一家小微企业，你多半请不起专职会计，兼职会计无非是帮你应付工商部门的年审，一年到头大约只是收代理费时才见得到一次，也不会提供给你数据翔实的任何报表。但无论是对日常管理还是长期规划而言，上述三大财务报表必须要有。

若没有专业人士帮你做，你自己也可以学着做。针对创业人士的初级财务指导图书很多，买一本即学即用。或者上网找相关的文字、视频教学，都可以轻松学会。

不要畏难，更不要怕麻烦。创业之旅的麻烦与困难要比做这三个报表难万倍。而学会了制作报表，可以让你创业路上的麻烦成倍减少。是不是很划算呢？

八招管好现金流量

现金是企业的血液，这个血液循环一定不能出问题。企业的现金"贫血"，轻则导致企业经营动作呆滞，重则导致企业倒闭。很多倒闭的企业，都是死于现金重度贫血，也就是所谓的"资金链断裂"。

资金链是指维系企业正常生产经营运转所需要的基本循环资金链条。现金—资产—现金（增值）的循环，是企业经营的过程，企业要维持运转，就必须保持这个循环能不断良性地运转。

如果你是卖烤串的，当你卖出烤串时，立刻就可以收到货款。在零售行业，这是常态。但如果你的货款有一定的回收周期，或者项目执行的周期本身就长，需要在执行完毕后才能拿到货款，你又该如何应对每天必须支付的营运费用，以及每月需要支付的工资，外加一堆应付账款？

企业在正常的支付上只要出现一点问题，很容易迅速恶化。明明很赚钱的生意，会因为资金链断裂而"屈死"。

假设你是做家用电器零售生意的，你需要以现金支付的是：库存的在销电器（尽管可能有一些账期，但账期到了必须支付）、场地租金（年付、季付或月付）、员工薪水（月付）、推广费、水电、日常办公开销等。这些现金支付，任何一项支付不到位都会产生严重后果。

你的生意红火，但并不意味着支付没有问题。因为在你的客户里，有刷信用卡的（半月左右才会到账），有开转账支票的（有些会延后出票日期），还有统一结账的（一般是针对老客户），甚至还有部分赊欠的。

这些生意在完成后，往往需要等待一定的时间才能收到现金。当你在支付必要的开支时，手里的现金在减少，应付账单也在减少。到了一定时期，你会收到应收账款，这时你手里的现金在增加。理想状况下，你的现金就这样周而复始地循环。但如果在某个时间点，你手里的现金不足以支付时，就会造成经营上的困扰。

要降低现金不足的困扰，你需要通过一些手段管理好现金流量。

1. 催收应收账款

尽快处理客户延迟付款的情形。拖得越长，你就越可能收不到全额的欠款。别用生意很忙之类的借口，来推迟或漠视客户的延迟付款。收款是生意的重中之重，做十单生意的利润也弥补不了一单生意的坏账。因此，你需要建立健全的账目，随时追踪客户的付款时间，一旦延期，立即行动！

2. 相对严格的付款条件

可以将客户的付款条件订立得更严格一些，让更多的客户必须支付现金才能交易。这样公司的现金会增加，呆坏账也会减少。但随之而来的是，比较宽松的付款条件相对会带来更多的生意，严格的付款条件会导致业务下降。

有时候，执行较为严格的付款条件，虽然流失了部分客户，但呆坏账的减少足以弥补这些损失。因此，你需要寻找到中间的一个平衡。

3. 不给到期未付账的客户继续发货或提供后续服务

虽然你需要做生意，但并不意味着要和那些拖欠货款的人或公司做生意。如果一个客户没有如期付账，那么就别再继续提供产品或服务——除非对方将旧账结清。这个错误在很多创业新手身上都会存在，他们或碍于情面，或心存侥幸，或出于其他原因，最后导致自己在被赊账的泥潭中越陷越深。

曾有个朋友担心不继续提供产品，就会造成旧账难收，这个理由很可笑——旧账本来就难收，再加上新账，不是更难收？旧伤未好，又添新伤，伤不伤得起？

4. 使用提前付款折扣

制定一套鼓励客户提早付款或提升预付比例的方案，也就是享受一定折扣。不过也要注意：折扣的幅度过小难以提升客户的积极性，幅度过大又会损伤自身的利润。

因此，这也需要寻找一个平衡点。另外需要说明的是，这个招数可以用在现金紧张的非常时期。如果预计下月将会出现现金紧张（或正处于紧张时期），那么不妨采取这样的手段渡过难关。

5. 收取延迟付款罚金

在合同上写清楚：到期不付款，客户需要支付一定比例的罚款。每逾期一天，客户需支付总货款的1%（具体比例可由双方约定）。这个约定对客户有相当大的威慑力。如果客户拒绝签订此类约定，那么至少意味着对方对到期付款缺乏自信或诚意。

6. 控制库存

供应商总喜欢用高额的折扣、返点或其他优惠来引诱你一次性大量进货。如一次性进10万元某品牌的化妆品，折扣为三折（正常为五折），还免费参加新马泰旅游。从盈利的角度来看，不仅享受了低折扣还能免费旅游，真是一举两得。

但是你手头的现金会因库存的增加而减少。如果一味地贪图低折扣，很可能让库房积压大量货物，而使自己手里现金缺乏。要杜绝此种恶果，需要你客观理性地预估销售，该贪的便宜不要放过，不该贪的便宜不要去贪。

7. 短期借贷

向金融机构或个人借贷，是解决短期现金流量缺乏的一个直接手段。但别忘了这些借贷也是属于未来的应付账款，也需要提早做好资金计划，以避免到期了无法支付。另外要强调的是，千万不要心存侥幸地去沾染高利贷，这一点前面已经谈及，在此不再赘言。

8. 削减开支

在一些昂贵的设备上，买不如租。如果用得不太多，不如外包。如做地产三维动画的小公司，弄个渲染机房完全没有必要，不如外包给渲染农场。等公司做大了，渲染的需求多了，再做机房不迟。除设备外，人员也要严格控制，有些需要用但用得少的专业人才，起步之初不如外包更经济。总之，在开源的同时要业注意节流。

CHAPTER 4

第四章

微企创办实务

　　最优秀人才的职业选择，已经不可逆转地指向了创新创业企业。

——徐小平

微企具有一种草根精神，它们填补了其他企业难以或不屑进入的市场罅隙，承接大企业和中型企业的外包任务，也同大企业和中型企业之间建立配套、协作关系。实践证明，微企的密集程度在某种程度上决定着城乡居民的收入水平，微企越发达的地区——例如江浙和珠三角地区，城乡居民工资性收入和财产性收入往往就越高。

从发达国家的工业化进程来看，大型企业、中型企业、小型企业、微型企业一直是平行发展，构成了一个"生物多样性"，具有新陈代谢功能的完整生态圈。尽管小型企业、微型企业死亡率高，但总是有一批又一批的"幼苗"破土而出。与此同时，经过优胜劣汰的自然选择，也不乏一批微企长大，成为小型、中型乃至大型企业。

微型企业是一种企业雇员人数少、产权和经营权高度集中、产品服务种类单一、经营规模微小的企业组织，具有创业成本低，就业弹性空间大，成果见效快等特点。

选择企业形式

创办什么样的微企？独资、合伙还是有限责任公司？这三种企业形式各有哪些优缺点？在你现有的资源配置下，哪种企业形式对你最为适合？

总得来说，适合微企的企业形式有三种：个人独资企业、合伙企业以及有限责任公司。

1. 个人独资企业

个人独资企业，是指在中国境内设立，由一个自然人投资，财产为投资人个人所有，投资人以其个人财产对企业债务承担无限责任的经营实体。

这种企业形式有如下几个优点：

第一，容易组建。工商部门对这类企业注册的要求很宽松。创业者不需要太大的资金实力（理论上1元钱注册资本也可以办公司），起步规模可以很小。有不少创业者是在家里开始自己的第一笔生意（有些地方允许民宅作为公司注册场地，有些地方不允许）。甚至有些创业者一边打工一边兼顾自己的公司，等公司逐渐步入正轨后再辞职。

第二，创业者拥有完全的决策权。只要不做违法的事，就可以放开手脚按照自己的想法开展经营活动。我的地盘我做主，想怎么做就怎么做，不必获得他人许可。

第三，所有利润归创业者一个人。没有人有权提出和你分享企业利润。

第四，不必向其他人通报企业经营情况。如果觉得有必要，甚至可以不把经营状况告诉家人或朋友。

第五，享有一些税费上的优惠以及政府财政补贴。对于这些优惠与补贴的具体内容以及获得方式，各地的政策有一定的差异。

因为有以上五个优点，因此不少人第一次创业会选择独资企业的形式。不过，凡事有利有弊，独资企业也是如此。归纳起来，独资企业的缺点如下：

第一，创业者对企业承担无限责任。别小看"无限责任"四个字，当你作为一个独资企业老板的时候，法律对你的个人与企业是不加区分的。打个比方，你的企业就像你名下的房屋、汽车一样，是你个人财产的一部分。这意味着什么呢？

如果独资企业经营失败,"个人独资企业财产不足以清偿债务的,投资人应当以其个人的其他财产予以清偿"(《中华人民共和国个人独资企业法》)。

第二,单枪匹马,缺乏支持。在利润一个人得的反面,是问题一个人扛。不像合伙企业,有合伙人与你一同努力,给予你鼎力支持。

第三,相对来说,初创的独资企业的信誉大多不高,地位也较低。个人独资企业不是独立法人,不能称为公司,因此企业的信誉相对不高,甚至无权参与很多招投标业务。

2. 合伙企业

合伙企业,是指自然人、法人和其他组织依照《中华人民共和国合伙企业法》在中国境内设立的,由两个或两个以上的自然人通过订立合伙协议,共同出资经营、共负盈亏、共担风险,并对合伙企业承担无限连带责任的企业组织形式。

这种企业形式有如下几个优点:

第一,合伙企业可以从众多的合伙人处筹集资本。这种资金的集合,对创业者初期非常重要。

第二,优势互补。合伙企业能够让更多投资者发挥优势互补的作用,比如技术、知识产权、土地和资本的合作,并且投资者更多,事关自己切身利益,大家共同出力谋划,集思广益,提升企业综合竞争力。

第三,享受税收优惠。合伙企业缴的是个税而不是企业所得税。

合伙企业的劣势如下:

第一,无限责任问题。由于合伙企业的无限连带责任,对合伙人不是十分了解的人一般不敢入伙。就算以有限责任人的身份入伙,由于有限责任人不能参与事务管理,这就产生有限责任人对无限责任人的担心——怕他不全心全意地干。而无限责任人在分红时,觉得所有经营都是自己在做,有限责任人凭一点资本投入就坐收盈利,又会感到委屈。

第二，信任问题。很多合伙企业，"共苦"时能齐心协力，"同甘"时却"兄弟阋墙"。在利益的分配面前互相猜忌，甚至有合伙人在利益面前采取了不忠行为。合伙关系一旦出现这种不和谐的音符，企业的经营就会出现大问题。

第三，意见的分歧与个性冲突。你要往东我要向西，有意见分歧是正常的。但如果合伙人不能坐下来好好沟通，其中一方一意孤行，或不能恪守"对事不对人"的准则，那么这场合伙就如同一场失败的婚姻。

3. 有限责任公司

有限责任公司指根据《中华人民共和国公司登记管理条例》规定登记注册，由五十个以下的股东出资设立，每个股东以其所认缴的出资额对公司承担有限责任，公司以其全部资产对其债务承担责任的经济组织。值得指出的是：有限公司可以只有一个股东，也就是所谓的"一人有限公司"，但一个自然人只能成立一个一人有限公司。而拥有多个股东的有限责任公司，股东可成立多个有限责任公司。

在2013年，国务院取消了有限责任公司的最低注册资本限制，公司实收资本也不再作为工商登记事项。这对于创业者来说也算一个利好。有限责任公司的优点有：

第一，降低了投资人风险。有限责任公司投资人的财务责任仅限于其所认缴的出资额。有限的责任意味着定量资本金的风险和无限利润的可能性，这是有限责任公司对投资者最富有吸引力之处。

正如美国哥伦比亚大学前校长巴特勒所说："有限责任原则是当代最伟大的发明，其产生的意义甚至超过蒸汽机和电的发明。"

第二，比个人独资企业与合伙企业的信誉要高。人们普遍倾向于与一个公司做生意，而不仅仅是与某个人做生意。与公司做生意会让客户更放心与踏实。有限责任公司是公司，而个人独资企业与合伙企业不是独立法人，不能称为公司。

第三，有明确的管理结构与正规的管理制度。公司的经营与管理活动可以按照《公司法》的有关规定来操作，这样就减少了人为的矛盾。一切都可以在商业逻辑的支配下，进行公司化运作。

第四，与个人独资企业与合伙企业相比具有更大的开放性。有限责任公司需要增加投资时，可以通过股份转让、出售的方式筹集。同样，股东退出股份也比较容易。

有限责任公司的缺点如下：

首先，注册时较为烦琐。尽管政府部门一再简化注册流程，但是对于初次创业的人来说，没有专业人士的帮助，自己准备完善必要的资料是费时费力的。这也催生了代办公司注册这一行业。但无论是自己去办理还是花钱请人代办，都是费时费力或费钱。

其次，在经营管理中，对有限责任公司的管制更加严格，需要设立公司章程，提供独立的财务报表并接受每年度的财务审计。这无形之中也会增加企业运转的成本。

再者，在税收上，有限责任公司则需要缴纳公司所得税和股东的个人所得税。

关于小微企业的形式，就介绍这三种。可以说，这三种形式各有利弊。创业者唯有根据自身情况，比较法律形式的利弊，才能找到最适合自己的企业形式。

关于合伙的忠告

《中国合伙人》是一部被外界解读为"新东方创业故事"的电影。随着该电影的上映，新东方的创业往事被翻出来热炒，同时也衍生出合伙创业的热点话题。

俞敏洪、徐小平和王强，这三个北大的同学、好友，以及新东方的合伙人，他们一路走来，"天天吵架"（俞敏洪语），但新东方的事业始终在壮大。随着矛盾的加剧，最终以徐小平、王强退出管理层而告终。

总得来说，新东方的三个合伙人算是成功的，而更多的"中国式合伙"是以闹剧或悲剧收场。对于过于讲交情而忽视契约的中国人来说，合伙创业注定是风雨一路。以下五个忠告，希望能给合伙创业的读者一些启迪。

第一，与"志同道合"者合作。子曰："道不同不相为谋。"为什么？因为你们谋不到一块儿去，谋来谋去，只会谋出矛盾。

张梁和李培根是发小加同学，二人学的都是三维动画。两人在一年前辞职，合伙开了一家三维动画培训学校。

创业不久，两人之间就开始出现很多分歧。例如，在聘请老师的问题上，张梁希望高薪聘请水平高的老师，李培根则认为要节省成本，聘请一般水平的老师就够了。在学校硬件配备上，张梁与李培根的看法也是差异。最后，张梁才发现，他们两人的矛盾核心在于：他自己想打造一家信誉卓越、经营长久的培训学校，而李培根只是想在这波培训热中赚一笔快钱，再去开他的动漫公司。

不同的创业者建立企业的目标和动机可能不同，而不同的目标与动机会导致不同的经营战略和方法。若合伙创业者的创业目标与动机不一致，在具体的经营过程中会出现大量分歧，而且很难调和——因为他们都没错，只是目标与动机不一致。

因此，合伙创业，首先要摸清对方的"志"，也就是创业目标与动机。志同了，才会道合。

第二，取长补短，优劣互补。在新东方的三个创始人里，作为资深留学生的徐小平精通留学、签证、移民和咨询，并且擅长做战略。而同样有深厚的留学背景、爱好读书的王强，在英语口语这一块绝对属于精英。词汇量在5万以上，编写的托福考试词汇备受考生推崇的俞敏洪，无疑是托福培训的专家。这三个人组合在一起，新东方无人能敌。

合作就像一部机器，机器需要不同的零部件的配合。一个优秀的合作企业，不仅能够为合作人的能力发挥创造良好的条件，还会产生彼此都不拥有的一种新的力量，使每个人的能力得到放大、强化和延伸。

第三，将权责分清并落实在契约之上。很多合伙企业的失败，与其说是被市场淘汰、被对手干掉，不如说是被自己套死。这些合伙人本来就是很好的朋友，基于对哥们儿（姐们儿）义气的信任，创业之初根本没有将权利、责任的分配划分清楚。这就给将来的运营埋下了定时炸弹。

掺杂了友情、亲情乃至爱情的合伙人在很多经营问题上不好计较。同时，涉及金钱利益，会让合作者双方的感情变得很脆弱。因此，一份至少包含以下条款的合伙契约是必不可少的——

（1）确认公司方向；

（2）合伙人的投资额以及所占股份；

（3）确认每个合伙人的管理权限与范围；

（4）确认每个合伙人的责任，以及不负责任所应承担的后果；

（5）确认合伙期限与退出机制；

（6）确认引入新的合伙人的方法；

（7）确认利润分配方案。

除以上七点之外，如果你认为还需要有"先小人后君子"的条款，都可以加入契约之中。就像王强在看完《中国合伙人》之后的感叹一样："友情跟荷尔蒙一样，特点是野性，没有原则，友情的野性需要与公司治理所要求的游戏规则，与强大、冰冷甚至残酷的理性碰撞，被程序正义的理性驯化。

"否则，友情不足以支撑一个企业的正规化治理，一定会分崩离析。如果友情能在这个前提下接受驯服，它就会变成冷冰冰的理性之外的一个取之不尽的资源。"

女人创业的优势与劣势

在当前这个机会无处不在的时代，很多女人主动走出小家，独立或与丈夫并肩在外创业，靠自己的双手成就一番事业，实现人生价值。

自主创业的女人是美丽的。因为创业，她们自信；因为创业，她们懒得张家长李家短地唠叨；因为创业，她们大度而又踏实……她们的美丽不是来自鼓鼓的腰包，也不是烫金的名片，而是那份厚实的成就感。

女性创业，没有什么不可以。名列"2014全球白手起家女富豪榜"第二的玖龙纸业董事长张茵认为，当代女性创业是大有优势的。

首先，女性母亲、女儿或者妻子这些社会角色，赋予女性更高超的人际交往才能、更强的适应能力和包容心态；更富于同情心，讲求合作，讲求诚信；更富有忍耐力，更具有吃苦耐劳的精神。她们较男性来说更会精打细算，在做事时量财力而行，勤俭创业，不挥霍浪费，这些特点在创业初期的资本原始积累中很重要。

此外，有研究认为，男人多半是"左半球的人"，女人多半是"右半球的人"。大脑左半球是管抽象思维活动的，大脑右半球是管形象性和运动性活动的。男子职业选择更倾向于抽象思维类职业，女子则更倾向于形象思维类职业。

有人把职业抽象地划分为高技术类、高情感类，认为男人更适合前者，女人更适合后者，这不无道理。女性天生的直觉、理解力、柔性、协调性决定其在创业上具有一些男性无法比拟的优势与特长。

但事物总是有两面性的。谈了女性创业的优势，我们也该谈谈女性创业的劣势。通常情况下，女性拥有的市场信息和销售渠道少于男性，这令她们总体上缺乏对经营风险的承受能力。创业者必备的一些心理素质，例如敢于承担风险、有冒险精神、审时度势、判断准确、出手果断等，这些是许多女性目前所缺乏的。

在谈到女性创业该注意什么时，重庆小天鹅投资控股有限公司总裁何永智说，在工作中要忘了自己是女人，特别是遇到困难时。所谓"忘了自己是女人"，指的是女性要淡化性别意识，不要试图扮演需要同情的弱者，要靠自己的能力说话。她说："女性的能力一点也不比男的差，你和男性有同样的责任和义务。"

但在具体行使职责中，又把自己看作女性，让女性的性别优势，如敏感、直观、直觉判断等充分发挥，就会比男性做得更好。

此外，创业的女强人们还需要注意的一点是：如何平衡事业与家庭的天平。我们经常可以见到这种情况——一个事业有成的优秀女性，家庭却不幸福。北京电台有一个栏目叫《星空下的女人》，对一些事业有成的女人进行了专访。

但该栏目做客的成功女人有80%属于单身。这些单身者要么是多次离异，要么是高龄未婚。我们虽然不能简单地以单身来断定她们生活不幸福，但从人之常情来说，这样的境遇是一种人生的缺憾。

何永智是一个女强人，她和丈夫廖长光的婚姻生活却处理得相当明智。她不仅有成功的事业，还有一个幸福的家庭。丈夫是重庆小天鹅集团的董事长，女儿在美国留学。夫妻俩在一个企业里相濡以沫，相得益彰，共同成就出一番完美的事业与人生。

她在介绍自己是如何"驭夫"时，这样说："夫妻之间，只有信任和理解还不够，更要相互欣赏，同时要建立三种感情，一是朋友情，二是夫妻情，三是母子情或者父女情，没有不包容儿女的父母，也没有嫌弃父母的儿女。"她认为："企业与婚姻真的有很多相似之处，它们都需要两个人共同去经营，特别是在面临危机的时候，更是要我们同舟共济。"

总之，女人创业虽不简单，但只要有创意和毅力，梦想也会有"开花"的那一天。

凯尔西·拉姆斯登是加拿大一位成功的女性创业者，她是四家公司的创始人兼所有者，连续几年当选"加拿大顶尖女性创业者"称号。

针对女性的特质，拉姆斯登给出八个小贴士，旨在告诉女性创业者如何克服恐惧，如果失败该怎么做，以及在出现放弃想法后怎么办——

1. 设想可能会发生的最坏的情况

人人都恐惧创业失败，而女性创业者在潜意识中往往会夸大失败的后果，从而导致畏手畏脚。拉姆斯登说："房间里有野兽时，就打开灯吧。你会发现，其实它没有你想象得那么吓人。"

2. 提前化解潜在风险

在预想过最糟糕的情况之后，拉姆斯登认为，创业者应当提前化解风险，为潜在结果做好准备。"这好比是和我自己签订的婚前协议。我想要在情况变糟糕之前和自己做一番斗争。然后，当形势发生转变时，我已经准备好了，同时可能也乐于接受这种变化。"

3. 着眼于过程，而非结果

拉姆斯登认为："太过关注结果正是让你心情低落的原因。如果你太关注结果，那么你生活中的灰暗一定会多于灿烂。"应该怎么做呢？专注于"业务的运营"。结果很重要，但过程才是最应该被关注的，因为唯有把握好过程才能有更好的结果。想着你必须要每天都经营自己的生意，而不是想着你必须在多少时间内把生意打造成功，前一种心态能带来更好的生产效率。

4. 把失败当成"交学费"

创业者失败后不要过于伤感，不妨把它视为学习和成长所需的学费。拉姆斯登承认说："这样想并不会让整个过程变得有趣，但就学习打造更好的企业而言，还是值得的。把我的损失看作是现在学习到的一点东西，而如果我在15年后再失败，那时间成本可要大得多。这就是我所缴纳的学费。"

5. 不要沉沦于失败之中

失败是过去式，是沉没成本。无论你多么悔恨，曾经的付出都深深地沉没在海底。大卫王在儿子重病时绝食哭泣，儿子死后他不再绝食，也不再哭泣，而是沐浴更衣，饱餐一顿。与其在失败中沉沦，不如告别过去，拥抱未来。

6. 反思自己

不要将创业失败的原因归结到那些不可控的外界因素。好好地进行一番反思，认真地吸取经验教训，绝不能再重蹈覆辙。许多科学家，在科研失败后，都是先进行好好的反思、总结，而后改进，才取得最后的成功。

拉姆斯登曾介入一家濒临倒闭的合资企业，最终的结果是让自己背负了一大堆法律责任。她事后反思："坦白地说，那个时候可能确实是我能力不够，以致无法就一个合适的合资企业协议进行谈判。"

7. 别担心别人怎么想

根据研究，那些白手起家的百万富翁都有一种有趣的"免疫系统"——很强的心理承受能力。他们有一种后天获得的，挫败恶意批评者过激言论的能力。这些百万富翁，总是漠视各种批评者和权威人物的负面评价。

甚至有些白手起家的百万富翁说，某些权威人物对其所作的贬低的评价，对于他们最终取得成功起过一定的作用——铸就了他们所需要的抵抗批评的抗体，坚定了他们的决心。拉姆斯登补充说："你可能在某件事情上失败了，或者有些事情出了错，但两年后、五年后，没人会记得，也没人会在意。这些事情都会被你之后所做的事情所替代。"

8. 当你想要放弃时，什么能令你继续前行

"看看我的能耐吧"是你在想要放弃之时的一个强有力的驱动力。拉姆斯登在创业时，一直用这句话激励自己。她为了创办自己的第一家公司而从大学辍学，周围的人都认为她疯了，而她所能想到的就是，"好吧，那你们就等着看看我的能耐吧"。不服气？用行动证明自己。创业如同烧开水，在99℃时会响起很多杂音。别理它，继续烧！

大学生最好先就业

现如今的就业形势依然严峻，大学生（毕业生与在读生）创业越来越成为话题的中心。尽管有不少大学生通过成功创业为后来人树立了榜样，还有越来越多的优惠政策和措施为大学生创业排忧解难，但学生创业之路依旧艰辛无比。

概括起来，大学生创业之所以失败，有三个重要原因：一是创业准备明显不足，盲目进入，仓促上阵，最终草草收兵；二是耐挫力明显不够，创业是马拉松而不是短跑，能忍受寂寞并化解困难者方可笑到最后；三是创业经验与资金相对匮乏，缺乏资金的粮草与打仗的经验，打胜仗并非易事。

基于以上事实，大学毕业生的创业之路格外崎岖。而对于在读大学生来说，创业更是艰难。如果没有经商经历，甚至连兼职打工的经验都没有，这样的创业者将经历一段痛苦的淘汰赛——据统计，95%以上的人会被淘汰；不到5%的成功者，也是在一路试错中踉跄走来。

今天的创业门槛提高了，商业的空子越来越少，成功创业必须依赖科学规划和管理。即使你有钱、有资源，如果不会创业和不懂管理，也很容易栽个大跟头。

因此，对于在读大学生创业来说，不可眼高手低，最好从小投入、低风险的小生意开始做起。在街头摆个地摊，或在网上开个网店，先积累一点做生意的经验，循序渐进，由小做大。

对于那些有心从事商业的在读学生来说，最好给自己营造一个小的商业氛围，多结识商界人士，加入行业协会，参加各种免费商业论坛，借此拓展人脉、了解行业信息。总之，要学会借助各种资源结识行业伙伴，建立广泛合作，提升自己的行业能力。

现在很多大学对于学生创业有很多扶持，还可以争取政府的优惠政策，比如无息（低息）贷款、税收优惠等。对于这些可利用的资源，大学生创业者切不可忽视。

想创业的大学生，首先要对自己有一个终极追问：创业究竟是为了什么？

看看自己的同学，有工程师、农民、律师、医生、公务员、警察……创业不是唯一能走的路。世界五彩斑斓，百花齐放，都去创业当老板，那谁来给老板干活呢？

创业听上去很美，但并不是对所有的人都适合。当下有不少应届毕业生，因为工作不好找，为了就业而去创业，美其名曰"给自己打工"。这样的创业理由真是让人捏一把汗。

大多数人把创业看得太简单了，他们看到的只是成功老板的风光，忽略了更多失败老板的苦楚，也忘记了那些成功老板昔日的艰辛。创业艰难百战多，并非人人都适合创业，创业只有少数人才能成功。

还有一些大学毕业生，怀着一个伟大的目标去创业——实业兴国，实现自身价值。这些当然没错，但是，这些只是成功之后的结果，而非创业的目标。创业的目标，说得最直接的就是：创造利润。股东投资要分红，员工每月要开工资，先将这些责任切实履行了，再说回报社会的宏伟目标。

张爱玲曾说：成名要趁早。谁不想趁早呢？只是，天下有几人如张爱玲一样占据天时、地利、人和——既有天分,又出身名门?因此,对于大学在读学生与毕业生来说,与其天天梦想着"创业要趁早",不如扎扎实实从低处做起,从小处做实。在工作中学习各种商务知识、职场礼仪、企业管理方法……三五年后,自身必然会有很大长进,那时再创业更有胜算。

CHAPTER 5

第五章

战略决定生死

没有战略的企业就像流浪汉一样无家可归。

——彼得·德鲁克

在市场经济的洗礼中，我们目睹了很多呼风唤雨的企业，突然在一夜之间坍塌，可谓其兴也勃，其亡也忽。万向作为老牌的明星企业，是如何确保基业长青的呢？

　　——战略。战略无疑是其中最为重要的原因。有心做出一番事业的创业者，不管现在的"业"是大还是小，处于顺境还是逆境，都要为自己制定一个战略。想象一下，如果没有企业战略，你的企业将会是什么样呢？一定是别人干什么，我也干什么；别人怎么干，我也怎么干。一味赶大流，直到在万舸竞流中迷失方向，不知道该往何处去。西谚有云：如果你不知道自己往哪里去，那么每一种风对你来说都是逆风。

　　总之，对于做一天和尚撞一天钟的创业者，若不迅速改变现状，很快就会连撞钟的权利也丧失掉。用德鲁克的话说，就是没有战略的企业就像流浪汉一样无家可归！

小微企业如何定战略

　　传统的看法是：战略是大公司才需要制定的，小微企业搞战略似乎太超前，也不实用。多数小微企业在发展的过程中，焦点都放在开拓市场以及与客户沟通上。苦战市场，终于看到销售日益见长，这是皆大欢喜的。可一旦遇上市场波动，就会迅速跌入泥潭。

再小的企业，也需要有自己的战略。没有战略的企业，会迷失自己的方向，用管理大师德鲁克的话说，就是"没有战略的企业就像流浪汉一样无家可归"。总是跟着感觉走，却发现自己折腾了许久，却还是市场上的浮漂——没有自己的根，只能随波逐流。

其实，战略并没有那么神秘，无非是选方向、定目标、找方法，以确保公司将全部的资源汇集在最应该做的事情上。

创业成功的，鲜有误打误撞的，即便有也很难一直如此幸运。绝大多数成功都是"瞄准目标开枪"的结果——方向正确、目标清楚、方法对路，因而成功。

孙陶然在《创业36条军规》中总结了联想制定战略的七步法：

1. 设定愿景

大家必须认同，必须信，真的愿意为此付出长时间甚至几代人的努力也要去完成。

2. 设定战略目标

战略目标是一个可以量化的指标，并且必须与愿景相符。目标是有挑战性但又可以实现的，不是够天上的月亮，不是捡地上的苹果，而上跳起来摘树上的桃子。

3. 制定战略路线

有清晰的达成路线，知道如何去做才能实现目标。

4. 确实领军人物

必须有执行力强的管理者来推动、实施，每一级管理者都需要确保下属里没有"南郭先生"。

5. 战术分解

领军人物要将目标分解，划分出几个阶段，分段实现。

6. 确定组织结构及预算

合理的组织可以保证运转高效,所有部门一起确定预算。

7. 考核激励和调整

一个战略要配一套激励计划,必须要重视物质的激励。

真正具有战略的小微企业并不多,绝大部分都停留在低水平的自然经营状态。有报道说,国外的企业家花在战略思考、战略研究上的时间占全部工作时间的60%,而我们的企业经营者对此却很少有深入的思考。很多企业从创立、发展直到企业破产,也没有制定出一个企业发展的战略,或者根本就是错误的发展战略。

万向集团是一个从乡镇农机修配厂发展起来的大型公司,其创始人鲁冠球在接受《21世纪经济报道》的记者采访时,说了这样一段话:"万向就是凭战略起家,牢牢地把握住战略方向可以说是我们的成功之道。"为了进一步阐述自己的观点,鲁冠球回顾了企业发展的历史——

"20世纪70年代的时候,我们的战略就是'求实',那个时候不搞生产不行。'求实'这两个字现在还在厂门口挂着。80年代,我们提出了'立足国内创业,面向国外创汇'的战略方向。这不是空话,要走进国际市场,怎么做到这一点?就是扎根企业内部生产,脚踏实地地搞产品。到了90年代,我们提出了'大集团战略,小核算体系,资本式运作,国际化市场'。现在又改了,改成……"

今天的企业已进入战略竞争的时代,企业之间的竞争,在相当程度上表现为企业战略思维、战略定位的竞争。创业者应该增强战略意识,强化战略思维,花大力气搞好企业战略的研究设计,并根据市场形势的变化,适时调整企业的战略重点,从而把企业引向胜利的彼岸。

盯住一只拼命追

在非洲的马拉河,一群羚羊正在享用河谷两岸的嫩绿青草。草丛中潜行着一只猎豹,悄悄地接近羊群。猎豹与羚羊的距离越来越近了,突然羚羊有所察觉,开始四散逃跑。猎豹像利箭一般地冲向羚羊群。它的眼睛盯着一只未成年的羚羊,紧跟着追去。

在追与逃的过程中,猎豹超过了一头又一头站在旁边观望的羚羊,但它没有掉头改追这些更近的猎物。它一个劲儿地直朝着那头未成年的羚羊疯狂地追。那只羚羊已经跑累了,猎豹也累了。在这场较量中,最后比拼的是速度和坚持力。

终于,猎豹的前爪搭上了羚羊的屁股,羚羊绊倒了,猎豹尖利的牙齿穿透羚羊的颈动脉后,自己也累得伏在地上,直喘粗气。

对于那些浅尝辄止、见异思迁的人而言,非洲猎豹的做法不失为一个榜样。肉食动物都知道在追击猎物时要盯住一只死追。为什么呢?因为中途换目标,其他猎物一旦起跑会有百米冲刺的爆发力,一瞬间就会把已经跑了百米的豹子甩在后边。动物世界的这种普遍现象,也许是一种代代相传的本能。但它启发人类仿效,在一切追逐目标的过程中,都要借鉴这种智慧。

世界著名管理大师赫尔曼·西蒙对中国的很多企业做了分析后发现,国内很多企业因为规模等因素的制约,很难兼顾两个或两个以上领域的深化研发和投入,而应该走"专注"之路。西蒙推崇小微企业去做"隐形冠军"。

只要做到了小而专、小而新、小而特、小而精,就能在小中见大,以小博大。指甲钳大王梁伯强,就把平均单价只有两元多的耐用消费品指甲钳的年销售额做到了几亿元，他把小商品做成大产业、大市场，挣了大钱。

一个人的精力有限，一家公司的资金也有限，技术能力更是有限，把这些有限聚集在一点，前途更无限。我们知道，很多温州商人专门做些纽扣、标签、标牌、商标、饰品、玩具之类的小玩意儿。正是这些别人看不上、懒得做的小生意，成为温州经济腾飞的翅膀。

对于创业者来说，商业模式即赚钱方式必须极其"专"。希望集团就做猪饲料，百度就做搜索引擎，新东方就做托福。在百度创业途中，李彦宏说不少人鼓动他做网络游戏、短信，但他并没有这样做。在他眼里，自己的公司、自己的领域还有很深的潜力可以挖掘，他要做的是专注于搜索这一个领域，不断探索与完善。

创业艰难百战多。站在纳斯达克炫目的舞台上，李彦宏仍用"专注"一词来归纳自己的成功。他自始至终坚持做中文搜索。"诱惑太多，转型做短信、网络游戏、广告的，都马上赢利了，我们选择了一条长征的路线，而且5年来一直没有变。"

IT行业里还有一个鼎鼎有名的人，叫王文京，是用友软件集团公司的董事长。十几年的时间，王文京从一介书生发展到个人身价高达数十亿元，他一手缔造的用友软件也牢牢占据着中国财务软件的领导地位。

谈及自己的创业，王文京用最简单的语言概述："一生只做一件事。专注，坚持。要想在任何一个行业出头，必须有沉浸其中十年以上的决心。人一生其实只能做好一件事。"正是凭着这朴实而坚定的人生信条，王文京实现了用友软件商业化的梦想。

小微企业大多属于个人经营，管理层级少，管理成本低，决策灵活迅速，执行力强。因此，小微企业在市场中具有较高的灵活性，经营手段别出心裁，产品更新花样繁多。因为其"小"，也就有了"快"和"活"的优势，遇到"风起浪涌"，它"跑"得快，"转"得也快。小微企业天生具有填补市场罅隙的功能，适应市场销路有限的小规模生产，弥补大中型企业的空隙。

另一方面，小微企业无需较大的资金额和技术力量便可开业。小微企业经营项目很多，它可涉及制造业、商业、手工业、服务业等众多行业，尤其是大企业经营范围之外的市场空隙，更是小微企业大显身手的地方。

小微企业可以根据市场行情的变化及时调整产品结构，改变生产方向，甚至转行。这主要是由于小微企业所提供的产品或服务大多品种单一、产量小、加工层次较低，因而能在较短时间内转产，并以量少样多的生产方式，不断开发生产新式样、新款式、新功能的新产品，从而适应错综复杂、变化纷纭的国内外市场的需要。

因此，一些迷信"船小好掉头"的小微企业，看着什么利润高就经营什么，并随时付诸行动。可是，船小有船小的优势，但同时也有船小的劣势。比如，资金不雄厚，技术不先进，销售渠道不稳定等。

而且因为船不断掉头，就要不断放弃原有设备、技术熟练的工人、原材料来源和产品销路，造成资金的浪费。同时，不断掉头，还会损坏企业的声誉：产品不知能生产、经营多久，质量、售后服务更没谱。

小微企业之所以在频繁转向中迷失，主要是患有"近视眼"，只顾眼前利益，不管将来的长远发展。市场上什么畅销，就组织生产什么。从表现上看，这似乎有点"以市场为导向"的味道，但实际上畅销产品往往是成熟期产品，市场网络成熟，市场势力范围相对稳固，要斜刺里杀出个程咬金来真是难上加难。

尤其当这一产业名牌纷争的时候，以小微企业的技术和资金实力很难有大的发挥余地，只能在有限的市场缝隙里鱼目混珠。更为短视的行为是对名牌的仿冒，"山寨"成性，你吃肉我喝汤，能干多长时间就干多长时间。

像这种"跟屁虫"式的经营思想必然导致你的小船转来转去，不但容易造成资金上的浪费，还存在一个巨大的隐性危害：创业者的能力无法得到真正提升，一直处于"半瓶子醋"的低水平轮回状态之中。

科学决策四部曲

创业者日常最重要的一项工作就是决策。决策是创业的核心，直接决定创业成功的概率。决策正确，执行到位，创业就会成功。决策失误，执行再怎么到位也是失败。据美国兰德公司估计，世界上破产倒闭的大企业，85%是因企业家决策失误所造成的。

不少小微企业创业者在决策上有很大的随意性，经常是一拍脑袋，根据感觉作出决策。这种赌博式的决策，当然也可能瞎猫碰上死耗子，但毕竟是小概率事件。好运气不可能永远相伴，一个关键的错误决策，就能葬送企业前期的所有积累。

决策是对资源配置方式的一种选择，寻求的是最大限度地推动企业向发展目标靠近。只有在所选择的资源配置方式能最大限度地抓住外部机会，并充分利用企业经营资源而又不超越其限制的情况下，才能达到决策本身的目标。

创业者若想谋求企业持续稳定地发展，需要学会科学理性地作决策。可参考以下方法：

1. 掌握第一手资料

不要坐在办公室里遥想风云，那不叫运筹帷幄，叫闭门造车。

订单为什么减少？员工流失率为什么居高不下？客户投诉率递增如何解决？

如此种种问题的答案，不深入一线了解情况，是找不到妥善的解决方案的。

浙江一家生产金属实心球的小企业，在2013年上半年突然陷入销售困境。为了解产品销售下滑的真正原因，老板张总到珠三角地区考察。他深入客户企业，走访经销商，层层推进，发现实心球生产厂家太多，供大于求，导致价格战激烈，而空心球的市场虽然要比实心球小很多，但竞争不激烈，利润也要丰厚很多。

回工厂后，张总决定调整产品方向，大力开发空心球产品，逐步减少实心球的产销。一年过后，张总的工厂重新恢复了往日的生机。

市场失灵了，管理失衡了，问题的根源不能靠想象，一定要像医生看病一样由表入里，抓住病根，对症下药。而且，你完全没必要等到企业"病"了时再去一线。最高明的医生是治"未病"，也就是说，创业者要经常下到一线，随时掌握第一手资料，提前做好各项因应对策。

2. 收集与分析相关信息

一个关键的决策，可以改变一个人的一生。房地产红火的那些年，造就了难以计数的富翁。潘石屹无疑是这一波行情的丰收者。

20世纪90年代初，潘石屹和一帮人在海南搞房地产。短短一两年，他们就收获了上千万的财富。当所有人都在大干猛上时，他说服合作伙伴离开了海南，转战北京。这一决策使潘石屹的团队成为海南房地产崩塌"惨案"中的幸存者。

潘石屹并没有特殊的预知本领，他是这么解释的："我到海口市规划局查看了一下报建的建筑面积，再除以海南省常住人口数和暂住人口数，发现每个人竟有55平方米的居住面积。以海南省的消费力，怎么可能承受得了？北京当时人均住房才7平方米。这是一个小学生都会算的算术题。出现以上非常荒唐的结果的同时，必然有巨大的危险。"

当今处于网络信息时代，各种信息通过互联网共享，让信息收集变得更加简单快捷，但同时也带来一个问题：有效信息常常被垃圾信息淹没。因此创业者需要一双慧眼，鉴别信息的真伪，然后分析信息背后的风险与商机。

美国管理大师杜拉克说过："战略家要在索取信息的广度和深度之间做出某种权衡，他就像一只在捉兔子的鹰，鹰必须飞得足够高，才能以广阔的视野发现猎物，同时它又必须飞得足够低，以便看清细节，瞄准目标发起进攻。不断地进行这种权衡正是战略家的任务，一种不可由他人代替的任务。"

3. 决策的产生

创业企业的决策过程，是采用民主还是独断？

个人的看法是偏向于独断更符合实际。创业阶段，没有人比创业者更全面了解信息，也没有人比创业者更关心创业的成败。决策前的民主讨论是必要的，一则可以拓展创业者的视野，二则能够让员工体会到他们的存在对企业是有价值的。但最终的决策应该由创业者作出，而且在很多时候往往需要"一意孤行、力排众议"。

百度在起步之初，没有找到自己的盈利模式，只是通过搜索引擎充当为其他门户网站打工的角色。结果市场越来越大，公司却根本不挣钱，名气也没有，李彦宏意识到问题所在，开始推动公司转型，决心自己出来单练，做搜索门户，并引入搜索竞价排名。该举动必然得罪中国炙手可热的几大门户网站，因此董事会一致反对。

这时李彦宏出马了，不再讲民主，不再安静地听取别人的意见。他大叫大嚷了一整天，拍桌子瞪眼睛，终于"说服"了董事会，或者说"吓着"了董事会。事实证明，李彦宏是正确的，竞价排名成为百度主要的盈利工具，大批企业挥舞着钞票要在百度搜索上露一小脸儿。

创业型企业，"独断"决策是很有必要的。创业本身就是一种争做命运主人的努力，怎么能将"命运"再交给你的员工？

4. 评估与修正

决策不是在做出后就终止了。严格地说，这只是开启决策的序幕。决策在执行过程中效果如何？有没有需要改进的地方？

许多创业者都有过这样的经历，由于他们对自己的能力缺乏足够的了解，或者在实践中发现未曾预料的情况，因而部分地改变思想、理论、计划、方案的事是常有的，甚至全部推到重来的事也是有的——这就是所谓的"决策修正"。

2009年，创业者刘源用口袋里仅有的8 000元在北京创办了西米网，销售定位于白领的"办公室零食"，当年就实现700万的营业额。2010年更是每月的销售额都超过百万。

看形势大好，轻资产运作的刘源选择了自建物流和仓储。将大把的钱砸进去，却未能吸引到风投的青睐。很快，西米网陷入"成本黑洞"，过早自建物流和仓储增加公司运营成本，让公司现金流很快烧光。2011年10月，苦苦支撑的西米网终于宣告倒闭。

一着不慎，满盘皆输。决策最忌讳"一条路走到黑"。重大决策在执行时需要时刻保持关注和警惕，并评估决策的正确性。如果错了，就要及时止损。即便是正确的，符合企业发展方向的，也要注意根据企业和市场环境的变化，适时调整方向，跟进市场的脚步，这样才不会被市场淘汰。

商业模式的魔力

无论你创办一个企业的目的是什么：实现个人价值，报效祖国……最基本的前提都是：企业要盈利。即使无法盈利，也只能是暂时的而已。盈利、持续盈利永远是创业者努力的方向。如果一个企业无法盈利，也就意味着这个企业没有长久的生命力，再美丽的口号、再崇高的目标，都是无本之木、无源之水。

现在请思考：你的企业实现盈利靠的是什么？

以制造业为例，不少创业者认为，是企业通过组织员工生产制造产品，通过经销商的销售渠道，转化为商品达成交易而实现盈利。其实这只不过是初级形态的现代商业表现形式，是小作坊式的创业企业老板心目中的商业模式。

巴黎商学院在教授商学时，有一条重要的"黄金法则"：经商最重要的不是资金，不是人才，而是模式。

通俗地讲，企业商业模式就是企业赚钱的法子，即通过怎样的方法来赚钱。同样的生意，有不同的赚钱方法。方法选对了，赚钱很容易；反之，赚钱很艰难。

陈小明年纪轻轻就已成为重庆地区有名的葫芦丝演奏家。2009年，他开了一家培训公司，招收葫芦丝演奏学员。就像我们随处可见的艺术培训班一样，他每天忙着打广告、招生、教学……一个班三四十人，每个人收几百元的培训费。学员进进出出，他累得要死，一个月到头也只能赚几千元。

后来，他逐渐摸索出一个与众不同的商业模式：不收培训费，学员只需要在他那里买一个葫芦丝就可以"免费"学。这个模式出来后不得了,很多中小学学校找到他,要求他教学校学生演奏葫芦丝。

原来,根据国家教委素质教育的精神,每个学生要掌握一门"艺术特长"。而葫芦丝恰好是一门容易掌握的、花费极少的音乐艺术。在陈小明那里买一支葫芦丝只要180元,他就包教包会。

别小看了这180元,一个学校里,少说也有几百人同时学葫芦丝,多的曾有三千多人!

粗算一下,他的收入变得非常可观。而且,和别的生意不同的是:他收的都是现金,服务还没有开始,全款就到手了。

他每年销售几万个葫芦丝,制造商看他销售量如此之大,主动找他入股。这样,他赚的钱就更多了。

一个辛苦谋生的培训公司,只是因为商业模式一改,就在短短几年内迅速崛起,"站着"把钱赚了。另外还有很多类似的例子,例如现在有些卖太阳能热水器的厂家,针对一些人口集中的工矿企业、学校、小区,尝试免费提供太阳能热水器,代之以热水收费的盈利模式。

2007年3月,某太阳能公司为浙江杭州的某印染厂建造了13 000m^{2}的大型太阳能热水系统,日供应印染所需的热水1 300吨。该太阳能加余热利用热水系统总投资为1 400万元,全部由太阳能公司免费提供,印染厂不需要掏一分钱。

太阳能公司的利润从哪里来呢?

——从每年帮印染厂节约的蒸汽费468万元中分成。这样,太阳能公司通过几年就可以收回成本,然后靠分成继续盈利。而印染厂每年节省了一笔不小的蒸汽费。

这种以节省能源来实现双赢的销售模式，叫做合同能源管理。借助合同能源管理，国内很多大学都用上了"免费"的太阳能热水器，学生们也用上了更加廉价的热水。厂家、学校、学生、社会，皆大欢喜。

不仅是在太阳能领域，一些LED灯厂也开始尝试合同能源管理：为大型写字楼免费更换灯具，节省下来的电费双方再按比例分成。

赚钱，靠的不仅是产品，还有商业模式。就像做儿童动画片的公司，销售动画片的播放权远远不够制作费。怎么办？依靠销售衍生产品来赚钱。因此，和传统的电视、电影不同，动画片的商业模式是：亏本打出片子的影响力，然后销售衍生产品贴补亏损并盈利。

如著名管理学大师彼得·德鲁克说过："21世纪企业的竞争，不再是产品与服务之间的竞争，而是商业模式之间的竞争。"

商业模式千变万化，但好的模式具备以下几个共性：

1. 产品简单

针对用户的一个强需求，将用户体验做到极致。做葫芦丝培训的陈小明，针对学生需要提升艺术素质这个需求，用最简单经济而又立竿见影的方法给予满足。

2. 执行要简单

这就像战士打仗用的武器，操作越简单越好，开保险、上膛、击发，不到2秒钟搞定。一个商业模式如果环节非常复杂，在执行时会很费力，而且不讨好。太阳能公司卖热水就很简单：与用热水需求旺盛的单位谈合作，收水费。

3. 一次创意型

一次创意，长久收益。例如江南春的分众楼宇电视，创意点在于利用楼宇的电梯口与电梯内打视频广告。这个创意成型之后，是固定的、可持续沿用的，不需要不停地用创意来推动事业的发展。

4. 可以低成本扩张

需要巨额投入来拓展市场的商业模式风险很大，否则就意味着销量逐步下滑，需要一直投入，扩张成本很高。一家2005年10月才成立的B2C网站"YES PPG"，专门销售男士衬衫，2007年的营业额达到10亿元人民币，并跻身国内衬衫市场前三甲，其售出的男士衬衫在国内市场则排名第一。

一夜之间，PPG如传奇般引起资本市场的兴趣。然而在2008年，PPG就传来资金链短缺的消息；2009年，PPG倒闭，创始人消失。PPG如烟花般绚丽地登场与谢幕，一个重要的原因在于市场扩张的成本太大，其销量是靠海量的广告来达成的，仅是2008年，广告费就达到2个亿。广告投入一旦减弱，销量立马下降。这种靠巨额广告投入来维持市场扩张的企业，终会因体力不支而倒下。

5. 要有一定门槛

没有门槛或者门槛很低的商业模式，意味着率先尝试的人如同寻找新大陆的哥伦布。倘若成功，大家便蜂拥而上，与你一起分享胜利的成果；反之，则是你一人承担失败的痛苦。更有甚者，等你趟完地雷、伤痕累累时，再出手将胜利的果实据为己有。

不要以为商业模式只是初创企业需要考虑的事，事实上，考虑商业模式是伴随企业终生的事情。没有盈利或者商业模式不清晰，商业模式缺乏环境的适应性，都将为企业带来灭顶之灾。

为什么很多企业总是做不大？为什么以前的方法不灵了？为什么规模上去了，利润却不能同步上升？这是中国许多企业面临的问题，也是令许多老板苦恼的问题。

企业创立的前3~5年，如果发展比较良性，商业模式就会比较成熟，主要客户群也有了一定的稳定性。接下来，就进入了高成长期，在这个时期，企业规模的扩张一定要与财务能力相匹配，正是由于这个问题处理得不好，许多企业的成长速度开始放缓。

目前，中国不少企业经过二十几年的发展，陷入了这种成长的瓶颈——规模上去了，但盈利状况不佳，规模与盈利不能同步。在传统行业，这种现象更为严重，产品同质化、技术创新困难，价格是他们唯一的竞争法宝。

这时，设计、改进企业的商业模式就成为新的突破点。前面说过，好的商业模式是"一次创意，长久收益"。但"长久"不是"永久"，市场在变、技术在变，当老一套商业模式已经不再适应新的市场时，变就是唯一不变的法宝。

找棵大树好乘凉

小微企业面临的最大挑战是什么？

不是市场，不是金钱，也不是人才，而是企业经营者的观念。

所有人都在寻找财富和成功背后隐藏着的某种奥秘、某种领悟，希望它能够带来更广阔的视野、更深刻的理解和更成功的事业。

在通览无数人的坎坷创业史后，万通集团主席冯仑发现一个有趣的现象：在做企业这个行当，最有钱的人，最有背景的人，最能干的人，最聪明的人，最勤奋的人，笨而勤奋的人，往往都无法成功。冯仑认为，成功的奥秘之一在于学先进，和大企业联姻。

多年前，邹强只身一人从四川来到了深圳，在工厂做了7年的模具工人后，他决定创办属于自己的模具厂——华益盛模具公司。由于模具加工刚刚在国内起步，华益盛公司一开始便拿到了长虹、海尔的订单。

可好景不长，随着国内模具业的升温，竞争也越发激烈，而模具的价格也是一降再降。利润空间骤减，让邹强心急如焚："必须寻找别的出路才行。"

幸好，在华益盛模具厂最困难的时候，和"三星"这个大企业达成了合作。转机发生在2001年。由于中国家电业的持续火爆，韩国三星计划在中国建厂。"这是机会，我们一定不能错过。"邹强随即带着自己的资料和样件找到三星，并最终进入了三星的候选大名单。

随后的考核，邹强始终陪着韩国来的客人。从最初的设计图纸，到最关键的制造模具和试验模具，邹强带领手下不敢有一丝怠慢："韩国人很苛刻，我们必须对自己更苛刻。"而在前两步——设计图纸和制模中，邹强都力求用最短的时间让韩国人早点动心。可韩国人好像并不近人情。"只能看最后试模的效果了。"邹强无奈地说道。

试模当天，邹强很早便来到了车间。结果出来时，邹强笑了，韩国人却在一旁摇起了头，认为机壳的棱角还不够清晰。邹强没有反对，即便他认为那已经是国内最好的模具了。而在经过三次修改之后，韩国人仍旧没有点头。邹强坐不住了，开始亲自带领技术工人攻关。"只能靠手一刀一刀地改。"这一改就是七天七夜。

最后的结果让韩国人只说了两个字："签约。"由此，华益盛便成了三星电视机的第一家中国模具供应商。"最后总算是签了，不然白陪他们天天吃韩国料理了，那可比我家的川菜差远了。"邹强笑着感叹。

与三星的合作，不仅让华益盛的模具制造工艺达到了世界水平，更借助三星的光环，让华益盛的知名度大增。尼桑、雷诺、沃尔沃、菲亚特等汽车巨头相继而来。邹强也开始将自己的企业定位于"中国大型汽车模具制造商"——在其名片的最上方赫然印着这几个字。

能和大企业联姻，不是瞎猫碰死耗子，也不是吹出来的，而是真真实实干出来的。大企业之所以"有料"，是因为懂得判断价值。

和大企业合作是需要实力的。你必须充分了解，作为一家上游企业，你的竞争力和特殊定位，你的产品质量和研发能力，足以让大企业注意到你并欣赏你。如果还不具备这种底蕴，先练好再说。

记住，大企业要精心筛选。不能遇到与大企业合作的机会便盲目地冲上去。冯仑的那句"小心谨慎傍大款"看似简单，其实很有深意。在一个行业中，有影响力的大企业基本上是公认的，就那么几个，因此只要把他们研究透了就可以。

但要注意的是，经过经济指标的筛选，哪些可以重点攻坚的已经比较清楚；而那些外强中干的企业也不意味着完全不打交道，与这类企业合作，说不定什么时候可以派上用场。

当然，在筛选过程中，企业的"人品"也很重要，要多了解其底细，以及业界同行对该公司的口碑评价，要选择那个理念和你最相配的。

而走到一起后，必须抛弃依附心态。如果能够营造出一个对等、透明而有效率的合作关系，是再理想不过的了。但是与处于垄断地位的大公司周旋，小公司往往处于弱势，但如果自己都做不到平等看待双方关系的话，又怎么能要求大企业不将你视为附庸？因此，较弱的一方最好能想方设法以行动争取到独立的话语权。

别忘了，大企业也是需要教育的。大企业虽然实力强大，但这并不意味它不讲道理，当然对他的这种教育不是高声辩论，而要顺风顺水、潜移默化。太多的案例已证明，一旦你不能保持独立的企业人格，纵容大客户的失误操作、错误理念或者暗许其特殊政策支持（比如赊销制很容易养成难缠的大客户），那么两者的关系只会陷入恶性循环的怪圈，大客户的权利被无限放大，而你只能无奈地妥协。

冲突产生了，是被牵着鼻子走，还是应该据理力争？你心中应该有数。理智地与对方坐下来，重新回到合作的原点上探讨出现的问题，理清双方的利益所在，才能扫清合作路上的障碍。

不管怎样，按"更美丽"原则去做，是不会吃亏的。就像华尔街的一位投行人士告诫那些想和有钱人交往的姑娘时说的那样，"长远看来，这是一笔不划算的买卖，如果你能给有钱人的只是现在的美貌的话。因为有钱人的钱正在增值，而你的美丽会随着岁月流逝一年年地贬值。这些大实话也提醒了那些已和大企业展开合作或是正在努力中的"美女"企业，如果你当年吸引人的只是些无法持续发展的资源或者产品，那么你离被甩已经不远了。

其实，除了在双方的每一单合作中都做到尽善尽美，实现双赢，你能控制的事情还有很多。当你站在大企业巨人的肩膀上，为什么不利用一切机会实现自身技术的不断升级和完善，使得自己有更多的领先性和不可替代性（更加美丽动人），让对方意识到自己的独特价值，最终将最初的简单合作发展为战略合作伙伴关系。

归纳起来，小微企业与"大企业实现联姻"有如下几个思路：

1. 从事行业供应链中高危险、高污染，大企业都不愿意做的环节，例如，医药行业中，很多中小企业给大企业提供原料药、中间体产品。

2. 拥有高科技行业中一项或者几项技术特长，给大企业提供元器件、芯片、固化软件等服务。

3. 给大企业提供技术方案，像手机、家电行业，有很多上游的中小设计公司，给国内各大厂家提供方案。

4. 给大企业提供工业设计、广告设计等脑力要求较高的服务。

5. 给大企业提供咨询、培训等专业能力要求较高的服务。

6. 给大企业提供报关、电脑网络维护、人事外包、人才租赁等大企业非核心业务的服务。

创业初期，最需要的就是客户和市场，只有自己的产品或服务卖出去了，才能产生收益。此时，大客户的出现自然让创业者喜上眉梢。但大客户这个馅饼，同时也是一个陷阱。大树底下好乘凉，是说阳光强烈，一旦刮风、打雷，站在大树底下就十分危险，随时可能遭遇大树折断或电击。

所以，小微企业与大企业、代理商与生产商之间，只能依靠，而不能依附。依靠是庇荫，借着大树遮风挡雨，健康成长；依附则是藤缠于树，离开了树木，自身便立足不稳。

当你有幸在创业时拥有一个让自己生存发展的大客户，你要提醒自己：小心大客户陷阱。这也是创业者最经常遇到的陷阱之一。千万不要只守着这一个客户，却忘了开发新客户。创业者一定要有清醒的认识，未雨绸缪，居安思危。

做只聪明的"小猪"

一谈到创业，不少人喜欢强调"头啖汤"的美妙。所谓头啖汤，就是第一拨儿出锅的汤。头啖汤味道鲜美、营养丰富。但创业毕竟不是请客吃饭那么简单，有时候喝"头啖汤"会被烫伤舌头，或者喝早了，还没有等到上主菜就饿倒在地。

张树新无疑是互联网上淘金的早期名人。早在1995年，这个中国互联网的奠基人就上路了。在次年，她与合伙人创办的瀛海威因为一批新股东的加入，注册资本陡增为8 000万元人民币。一时间，瀛海威声名大振。1998年，张树新却黯然离开了瀛海威。2004年年底，瀛海威被北京市工商局注销。

奠基人早早地离场，"头啖汤"的味道并没有那么美好。特别是在高科技领域的创业，全新的商业模式犹如在迷雾中一路领跑，很难做到不跌跤。张树新后来曾说那时的她在很多时候茫然四顾，甚至不知道接下去该怎么做。

等到她在无数个磕磕碰碰中倒地不起时，后来的跟进者终于有了借鉴的案例，才得以少走弯路，获取最大的利益。因此，张树新曾感慨："我们进入得太早了。"太早进入市场的风险在于大幅增加了运作成本,以至于迎来了黎明却无力在黎明中成长。

猪圈里有一大一小两只猪,它们进食时都需要触动东边的开关,每次触动都会让西边食槽里出现10个单位的猪食。而前去触动开关的猪因为体力损失,每次需要消耗2个单位的猪食营养。

大猪嘴巴大,若小猪去触动开关,大猪在槽边等,大、小猪吃到食物的收益比是9∶1;同时去触动按钮,一起回到槽边,收益比是7∶3;大猪去触动开关,小猪守在槽边,收益比是6∶4。如果都守在槽边,两只猪一起挨饿。那么,在两只猪都有智慧的前提下,最终结果是:大猪忙着触动开关,小猪一直悠闲地守在槽边白吃。

上面是"智猪博弈"的模型,这也是一个非常经典的经济学模型。在这个模型中,小猪选择等待总是最好的选择。当大猪选择行动的时候,小猪如果也行动,其收益是1(3-2=1),而小猪等待的话,收益是4,所以小猪选择等待;当大猪选择等待的时候,小猪如果选择行动的话,其收益是-1(1-2=-1),而小猪等待的话,收益是0,所以小猪也选择等待。总之,大猪去或不去,小猪都守在槽边,不急不躁。等待,永远是小猪的占优策略。

作为小微企业的创业者,在市场上就如同一只"小猪",而让"大猪"去踩踏板是一个聪明的选择。

立邦涂料从1992年进入中国至今,一直不遗余力地推广水性建筑涂料,从最初中国消费者不知道水性建筑涂料为何物,到现在水性建筑涂料的大面积运用,立邦公司可谓下了大功夫。

立邦一边空中广告轰炸,提高知名度;一边寻找经销商,进行销售布局。立邦之所以敢饮"头啖汤",信心来自三个方面:一为资金实力雄厚,二为销售技术成熟,三为产品比较优势明显。

立邦拥有的资源颇多,充当"大猪"的角色,开始触动猪食开关。由于在进入时机的选择上非常恰当,再加之市场推广手法先进,产品施工简易,效果比较优势显著,立邦开始吃到食物,在2000年以前立邦至少吃到四成以上。

涂料市场被立邦慢慢加热,食物流量也越来越多,巨大的诱惑吸引了众多觊觎者。再加上乳胶漆行业进入门槛低,产品技术容易被复制,"小猪"开始形成,采取等待在食槽旁边的方法并抢食大猪触动开关后流下的食物,立邦吃到的食物骤减至不到两成。

实际上,案例中的小猪是在无意识中采取了等待的态度。为什么说是无意识呢?因为对于众多的小厂家来说,如当时的华润,一无资金,二无技术,就是想和大猪一起行动也是力不从心。这种无作为反而帮了小猪,使小猪吃到食物,形成原始积累。

对于立邦来说,是尽了大猪的义务。因为"智猪博弈"主张的是占用更多资源者承担更多的义务。立邦最初花大力去触动开关,是想吃到更多的食物后迅速成长为超级大猪,占领30%以上的市场份额,形成市场垄断地位。不料在食物越来越多以后,代表众多厂家的小猪吃到的食物占到九成。更意外的是,出现另一只大猪多乐士,抢吃的食物和自己几乎一样多。

经此一役,立邦在水性木器漆推广上开始变得聪明。水性木器漆是油性木器漆的升级产品,最大的优点在于无毒、无害、环保。由于油性木器漆是溶剂型涂料,采用苯类、脂类和酮类物质作为溶剂,挥发物对人体、环境有害。虽然国家对挥发物VOC作出了严格限制,但是治标不治本。水性木器漆采用水作为溶剂,挥发物VOC是水蒸气,真正做到环保、无毒、无害。

欧美等发达国家水性木器漆的普及率高达50%以上,而在中国不到

1%。立邦在技术上有优势，在资金上有实力，为什么到现在还不推广水性木器漆？

显然，立邦是吸取了水性建筑涂料推广上的经验教训。立邦发现，现在推广水性木器漆的环境和将会遇到的问题，同过去自己在推广水性建筑涂料上的情况相似度很高。

主要有几点：一是消费市场没有形成，消费意识需要引导和启发，这样将花费大量的财力和物力；二是市场培育起来后小猪们搭便车，坐收渔翁之利；三是产品市场前景广阔，利润可观。有了前车之鉴，立邦变得格外谨慎。作为名义上的大猪，立邦不想独自去触动开关，而是想让小猪去触动。

在博弈中，抢占先机并不意味着占优，做强做大也并不意味着有利，因为强大意味着要承担更多责任。立邦在悟透这一层天机后，明智地选择了做形式上的小猪。而其他涂料厂家的小猪们好像并甘心，他们努力地奔波于开关与食槽之间，但是吃到的食物并不多，更有神洲、迪邦、水清漆宝、亚力美推广水性木器漆惨淡出局。

立邦在水性木器漆市场开发中，不主动当辛勤的大猪是聪明的。它让众多小猪去忙乎，让小猪们承担消费意识的引导与市场培育的工作，以及市场开发的试错成本。等到市场培育完成，立邦便会携技术与资金优势强势出击，没支付多大成本就吃得肚儿圆圆。

"头啖汤"容易烫到嘴，"领头羊"容易被狼吃，小微企业一定要清醒他认识自身，尽量不要冲上前当炮灰。做一只聪明的"小猪"，不失为一条可选之路。

不妨先做试验田

创业所面对的，常常是一个全新的事业。就好比你承包了100亩地从事经济作物种植业，最保险的方法当然是先种植一亩地作为试验田。从这一亩地的种植中，可以积累种植经验以及销售经验。在经营这一亩试验田时，你还可以累积一些基本客户，通过接触这些客户，你可以更深入地了解客户的需求，进而可以调整自己的种植品种，提升服务水准。这个时候你开始创业，成功的概率就会大很多。

小刘是湖北十堰一家物流公司的主管，收入还算可以。他酷爱音乐，一直想开一家乐器店。

在前途不明确的创业与待遇较优厚的工作之间，他摇摆了三四年。2011年10月，小刘找到同在十堰开画材店的好朋友罗敬宇。

罗敬宇听了小刘的创业梦，决定先帮他开一片乐器销售的"试验田"。他让小刘进了一些可以挂在墙上的乐器（如吉他），在自己的画材店试销，看看市场反响如何再决定。

2012年年初，小刘进了一万多元的乐器，挂在画材店的墙上展示。为什么说是展示呢？因为他没有库存，顾客就算想要购买也只能先下订单，等进了货才能交货。

乐器刚进来时，问得人多，买得人少。三个月里，卖（订）了三把吉他和一个架子鼓。生意没有起色，这也是意料中的事。凡事有个过程，自古"琴棋书画"不分家，随着乐器被越来越多的画材顾客了解并传播，他们相信会慢慢好起来的。

在画材店的试验田经营了一年，乐器销售有了很大起色。2013年年初，小刘就在画材店的楼下（一楼）租了一间临街门面，总共40多平方米，房租每月4 000多元，经营了20余种乐器，以及相关配件、音乐专业图书，后来又慢慢开拓了乐队排练和专业商演，以及乐器课程教学。

截至2014年年底，小刘的乐器店一年的经营收入是26万多一点。除去门面费和店员工资（3人），纯利润约为12万元（乐器销售利润非常高）。一年赚10多万不算多，但生意一直在稳定缓慢地向好发展。而对酷爱音乐的小刘来说，他还收获了精神上的满足：以乐器店为媒介，他结识了很多对音乐同样痴迷的朋友，并组织了乐队参加商演，让他过得很开心。

小刘的乐器店创立时，已经积累了一定数量的客户群，也摸清了市场需求与容量，顺势而为，没有丝毫强行起飞的痕迹。

反观不少创业者，仅仅只是看到一个商机，就一头扎进去。这种近乎裸奔的创业除了需要做好较长时间亏损的心理准备之外，还要花大量时间去摸索市场、积累经验，其创业成本有多高？成功概率又有多大呢？而长时间亏损，对创业者的经济压力与信心打击无疑是巨大的。

绝大多数折戟的创业者的失败原因都是营收太少。可能他们也知道只要熬下去就能成功，但他们无力坚持。而营收不够的最大原因就是基本客户群缺失。基本客户群除了给予创业者生意机会之外，更重要的是他们会让你知道他们需要什么，甚至让你知道你这个项目的发展空间和规模。

"试验田"的开垦，并不局限于小刘开乐器店这种模式。一套新产品的引进、开发，或者一套新的销售方式的推广，都应该尽量先做试点。如果试点是成功的，那就迅速大力推广；反之，则调整修正，或者放弃。

所以，在实施一个创业项目或重大决策之前，如果能够因时、因地制宜，开发一片试验田，不失为一个稳妥的创业之道。

CHAPTER 6

第六章

建班子、带队伍

对于创业者来说，如何组成自己的团队并很好地运作它，将是创业成功与否的关键所在。

——史玉柱

建班子，定战略，带队伍被称为创业成功的三件法宝。对于"定战略"，在上一章已经有了详细着墨。因此，在本章将会详谈如何建班子、带队伍。

很多时候，创业的关键不在于做什么事情，而在于谁在做这些事情。创业是一项复杂的工程，能力再强的人也需要一个团队。为了说明建立团队的重要性，孙陶然（蓝色光标与拉卡拉的创始人）曾打了一个非常形象的比喻："如同背包客在荒野上应对狼群，需要大家背靠背围成一个圆圈，每个人应付一个方向之敌，把后背托付给彼此，共同作战，大家一荣俱荣、一损俱损。"

你的后背可有托付之人？他是否愿意尽全力且有能力去完成你的托付？

创业团队之5P

单枪匹马闯荡江湖的时代已经远去，现在流行的是抱团打天下。马云崛起，靠的是所谓的"十八罗汉"，俞敏洪异军突起，靠的是"三驾马车"，史玉柱东山再起，靠的是巨人集团的旧部。

一个理想的创业团队，需要具备如下5P：

1. 目标（Purpose）

创业团队是为同一个目标而奋斗到底的一群人。没有一个共同目标的团队，如同一盘散沙，形不成强大的战斗力。

创业目标一定要明确，这样才能使团队成员清楚地认识到共同的奋斗方向是什么。与此同时，目标也必须是合理的、切实可行的，这样才能真正达到激励的目的。

2. 人员（People）

找到"合适的人"，是组建创业团队中最关键的一步。什么叫"合适的人"呢？

首先，他要高度认同你的目标。

其次，最好与你是互补型的。一般而言，创业团队至少需要管理、技术和营销三方面的人才。创业者不可能面面俱强，你可以有意识地招募能补足你短板的人才。

最后，注意规模适度。团队成员太少则无法实现团队的功能和优势，过多又可能产生交流的障碍，团队很可能会分裂成许多较小的团体，进而大大削弱团队的凝聚力。

3. 角色的定位（Place）

舞台上的每个人，都有自己清晰的角色。角色乱了，戏没法演，更没法看。创业团队也需要将成员的角色进行清晰定位。陈平是一流的谋士，韩信是一流的将军，刘邦是一流的君主，他们三人的角色要是混淆，不仅三人之间会"打架"，汉军的战斗力也一定会下降。

创业型团队要做到：分工明确，让每个人都不可替代。决定分工——也就是角色的，大致有这么几个要素：所处行业、成员的能力和知识水平、团队自身的价值取向。

4. 权限（Power）

角色定位好了，就要各司其职。在管理中，权责必须一致，也就是说，权利与责任必须对等。你负了何种责任，就必须拥有与之匹配的权利，反之亦然。

团队成员间职权的划分必须明确，不仅要避免职权的重叠和交叉，也要避免无人承担造成工作上的疏漏。此外，由于还处于创业过程中，面临的创业环境又是动态复杂的，不断会出现新的问题，团队成员也可能出现更换，因此创业团队成员的职权也应根据需要不断地进行调整。

5. 计划（Plan）

团队要达成目标，需要制定周密的计划。创业计划确定了在不同的创业阶段需要完成的阶段性任务，通过逐步实现这些阶段性目标来最终实现创业目标。

在制定计划时，团队成员一定要深度参与。这不仅可以发挥群策群力的优势，还能够带给团队成员心理上的参与感。人们只对"自己"的事感兴趣，没有参与感，就缺乏投入感。

建立组织机构

小微企业在创始阶段的特点，是经营者的决策及时迅速，但随意性与主观性也是随之而来的硬伤。建立一个有效的组织机构与管理制度，可以最大限度地避免决策的失误与管理的混乱。

小微企业起步之初，一般采用直线型组织结构。

直线型是一种最简单、原始的组织形式。在这种组织形式中，上下级之间如一个金字塔，有一条直接的权力线，每个员工只有一个直接上司。

直线型组织机构的优点可以用三个词来描述：简单、紧密、节约，即企业各级行政单位从上到下实行垂直领导，下属部门只接受一个上级的指令，各级主管负责人对所属单位的一切问题负责，管理费用可以降到最低。

其缺点是：它要求行政负责人通晓多种知识和技能，亲自处理各种业务。可是当业务比较复杂、企业规模扩大时，把所有管理职能都集中到最高主管一人身上，显然是难以胜任的。

在创业初期，组织架构不需要太繁杂，层级宜少不宜多。作为老板，更多的是要亲历亲为。但随着事业发展，老板一定要有培养团队的意识，要逐渐从琐事中解放出来，将精力集中在更为重要的事情上。否则企业只能在较低层面上不断轮回，难以做大做强。

因此，当企业逐渐走上正轨，规模有所扩大时，应该朝职能型组织靠拢。所谓职能型组织机构，是各级行政单位除主管负责人外，还相应地设立一些职能机构。如在总经理下面设立人力资源部、行政部，协助总经理从事职能管理工作。

这种结构要求行政主管把相应的管理职责和权力交给相关的职能机构，各职能机构有权在自己业务范围内向下级行政单位发号施令。因此，下级行政负责人除了接受上级行政主管的指挥外，还必须接受上级各职能机构的领导。

职能型机构的管理工作比较精细，能充分发挥职能机构的专业管理作用，减轻直线领导人员的工作负担。但正如硬币都有两面一样，它的负面影响妨碍了必要的集中领导和统一指挥，形成了多头领导，不利于建立和健全各级行政负责人和职能科室的责任制，在中间管理层往往会出现有功大家抢、有过大家推的现象。

无论采取何种组织形式，都各有利弊。但有一点是要注意的：绝对不可贪大求全。

如何选聘人才

一方面，大多数用人单位都面临"用人荒"；另一方面，无论多小的公司，只要一份招聘启事发出去，电子邮箱里不出三天就有数百份求职信。每逢周末，人才市场里找工作的人也如过江之鲫。

对于雄心勃勃的创业者来说，如何才能找到意中人呢？

1. 第一步：简历分析

在面试之前，你需要浏览一下应聘者的简历——尽管你之前已经看过，但仍须加深自己对应聘者的认识。通过简历，你可以从以下四个方面来分析对方：

（1）分析相关知识的储备水平

从学历层次看其知识积累的深度，从专业看其工作相关知识的积累，从资质证书、培训内容看应聘者工作相关知识的积累。

（2）分析对企业环境的适应程度

如果对方有工作经历，他在哪儿工作时间最长？在哪儿工作时间最短？上一份工作因为什么离职？

工作最长，证明他比较适应那样的环境与工作，最短的则证明他不适合。离职的原因可以看出他的择业观。

（3）分析职业方向和不稳定因素

毕业大半年还没有工作，两份工作之间有四五个月的空档期，一年之内换了三家公司……

诸如此类信息要小心了，常常反映了对方职业方向与心态的不稳定。

（4）分析业务熟悉程度

有没有在本行业的工作经历？是否从事过相似的工作？从事的时间有多久？

从相似职位工作的时间长短看应聘者相关工作经验的丰富程度，从相同行业工作的时间长短看应聘者相同行业经验的丰富程度。

2. 第二步：职务达成能力的评估

正式接触开始。

如果对方有工作经验，那么曾经服务的企业的规模如何？具有怎样的部门架构与团队结构？团队的工作分工、业务流程、工作职责如何？达成目标的动作如何分解？

通过以上问题，你可以判断其是否具有胜任所求职位的基本工作能力。

如果对方无工作经验，那么对这个职位的理解怎样？认为达成目标最关键的是什么？个人觉得需要哪些方面的支持与协助？

通过以上问题，可以看出应聘者的思路是否开阔、逻辑是否严密，以及对所求的职位有没有基本的认知。综合起来，则是此人是否有潜力。

一般来说，业务类的职位，并非一定要招收有经验的人，对学历的要求也比较宽松。通行的说法是：能够通过培训提升的技能，不必作为遴选的依据。但管理类的职位，则需要有同行的从业经验和管理经验。

3. 第三步：人际交往能力的评估

如果对方有工作经验，那么原先所在的团队的经理有什么优缺点？平日里多久跟上司（同事）做沟通？一般是就哪些问题进行沟通？沟通的方式与内容是什么？沟通时间的长短？是否能经常取得满意的结果？

通过对应聘者在面试中的表现，和以往工作经历中与上司、同事的交往情形，分析判断其人际交往能力与团队协作能力。

如果对方无工作经验，则可以询问其在学校的表现。比如，是否参加过哪些社团？在社团担任何种职务？有没有做过兼职工作？

在这一步中，面试官需要留心应聘者的表现。例如，他是否能够从问话中准确获取信息并形成自己的观点，同时也留心了面试官的感受；口头语言表达是否流利，用词是否准确，语言是否丰富、生动，回应是否适时，沟通是否顺畅。

另外，还要通过观察应聘者的服装是否整洁合体，目光是否有神，神态是否自然大方，语速、音调、音量是否适中等，综合分析判断出应聘者的沟通能力。

招聘技术专才，可以对人际交往能力适度放宽（技术控们与机器、电脑长时间打交道，不可避免地缺失了人际交往能力的锻炼与培养）。对于其他与人打交道密切的职位，良好的沟通能力都是非常重要的，例如业务员、管理人员。

理论上，公司雇用越优秀的人才，对己方就越有利。但事实上，如果能力大于职务，对于劳资双方都会造成浪费。

首先，人才自身的才能得不到充分施展，对他本人来说是浪费。其次，公司可能将为之付出更多的薪水，这也是一种浪费。再者，即便是公司支付了足够的薪水，才能得不到充分展示的员工也会有一种失落感，挫伤其积极性，使其萌发骑驴找马、另谋高就之心。

所以，小微企业在招聘过程中既要考虑是否胜任其职，还要防止"才能过剩"，即避免"大材小用"。

那么，如何避免才能过剩呢？

1. 择人标准不可贪求太高

择人标准假如超过实际需要定得太高，则必然使人望而止步，必然使人对职业估价太高，这对一部分进取心、事业心较强的人固然是一种"带挑战性"的有趣工作。

但是，如果就职后，发现工作"轻而易举"，毫无成就感，很可能导致其另谋他就。比如，很多企业招聘时，列出了"本科毕业，英语六级以上……"等条件，实际上，不过是招个前台。

2. 取消一切不必要的标准

添加不必要的条件和标准，在客观上缩小了备选人员的范围，增加任人的难度，实为画蛇添足，多此一举。电工没必要会演讲，秘书没必要会电工。如果有一些"从优"的选拔条件，最好是将必要条件和从优条件分开：

必要条件就是从事某种工作不可缺少的必备条件；参考条件即是有之更好，无之也可的条件。在备选人员较多的情况下，必要条件则可高一些；反之，则可低一些。不过，也必须以"胜任工作"为前提。

企业在产品开发上，有"品质过剩"的陷阱，意思是产品的品质好到了脱离用户所要求的地步，最终只能造成成本上升、加工周期变长等问题，反过来削弱产品的竞争能力。

小微企业用人，也是一样的道理：不求最好，只求恰好。此外，只用不得不用的人。不能胜任即换人，而不是加人。

建立团队愿景

有句话是这么说的："如果想造一艘船，先要做的不是催促人们去收集木料，也不是忙着分配工作和发布命令，而是激起他们对浩瀚无垠的大海的向往。"

真是一语惊醒创业人！

心动不如行动。若是心不动，行动又怎能坚定有力？

我想去那里，所以我努力；我们想去那里，所以我们团结。同一个梦想，同一个目标，让团队成员劲往一处使，心往一处聚，让员工对未来美好的前景充满憧憬，激励他们不断地向着目标前进。不管遇到什么挫折，员工都会觉得只是小插曲，只要努力很快就会过去，一定可以达到理想的目标。

按照世界著名的领导学大师沃伦·本尼斯的说法：一个组织的梦想，称为愿景。

为了打败严重威胁法国安全的欧洲联军，在进攻意大利之前，拿破仑对他的部队说："我将带领大家到世界上最肥美的平原去，那里有名誉、光荣、富贵在等着大家。"

拿破仑精准地抓住士兵们的期待，并将之具体地展现在他们面前，以美丽的梦想来鼓舞他们。这支部队的梦想，就是愿景。

可见，愿景不能仅仅是创业者个人的梦想，而必须是团队成员所向往的。不要担心愿景难以达成。容易达成的那不叫愿景，顶多叫小目标。团队的成就不是由你遇到的问题所决定的，而是由你所解决的问题决定的。领导力体现在解决问题上，而不是背负问题，让问题越来越多。

愿景是团队启航的原动力，创业者是"船长"，告诉员工哪里有宝藏，给他们一个航向，让他们拥有一个实现自我价值的舞台。

运用好奖惩激励

经常有创业者抱怨：为什么我使出了"浑身解数"，但团队的执行力还是无法有效提高，员工还是像一台生锈的机器一样，运转起来特别费劲？

杰克·韦尔奇曾一针见血地指出：团队执行力就是企业奖惩制度的严格实施。

当利益摆在眼前，而且切实可信地能够攫取到的时候，人人都会争先恐后。反之，如果危害迫在眉睫，人人都会退避三舍，趋利避害，是最基本的人性。作为管理者，就要懂得利用这一点，用赏罚工具增强团队的执行力。

奖励是为了让员工更积极，惩罚是为了让员工更合作。在运用赏罚这一管理工具时，有几条原则需要引起注意。

1. 一视同仁

公平、公正是公司执行奖罚制度的第一原则。大家一视同仁，不赏私劳，不罚私怨，不过宽，亦不可过严。

2020年夏天，笔者在沿海某中型公司调研，被邀请列席中层干部会议。

会议上，谈到了公司老板的弟弟犯了一个错误，按例应该处以1 000元的罚款。这时，老板的弟弟站起来，当众表态："我身为老总的弟弟，本应该成为大家的表率，这次犯了错误，我加倍认罚2 000元。"

会议室顿时静悄悄的，看得出来大家都露出赞许的眼神。

没想到，这个"加倍认罚"的请求，非但没有获得老总的赞许，反而招致新的批评：

"你请求加倍处罚，违背了奖罚公平的原则。你之所以这么说，是因为在你的内心深处还是把自己置于特殊地位。这也说明你在工作当中，没有真正地以普通员工自居。你有这种思想，工作是做不好的。这个错误比你工作中的错误还要严重！"

一席话，让老板的弟弟惭愧不已。

案例中的老板，对于奖罚的一视同仁原则的理解可谓深刻。在实际工作中，大多数管理者都能够接受这个原则，但是在具体工作中，却常常不知不觉地违背这一原则。这种违背，并非故意，而是由于对一视同仁的原则没理解透。

2. 规则明确

为什么授奖，为什么挨罚？一定要在明确的规则下进行。奖罚的规则尽可能形成明文的规章制度，以防止奖罚的随意性。随意奖罚，就可能使得奖罚产生不公平。随意奖罚，对下属行为导向的信号往往不明确。

某公司业务部徐经理在月底例会上宣布：奖励新进员工徐小曼1 000元，因为她态度积极、工作出色。平心而论，作为新进员工，徐小曼的工作态度与业绩都很优秀，加上当月部门业绩喜人，经理便在例会上动用经理基金对徐小曼进行了奖励。

可是会后不久，各种怨言与流言就开始在业务部流传，甚至蔓延到了整个公司。有人抱怨："我刚进来第一个月时，业绩比徐小曼还要好，怎么没有奖励？"有人不平："态度积极？不过是在徐经理面前好表现而已，背着他比谁都懒！"甚至还有流言："据说徐小曼是徐经理的侄女。"更离谱的是谣言："徐小曼和徐经理之间有暧昧关系……"

而徐小曼呢，身不由己地被卷入这场莫名其妙的漩涡之中，不久就因压力太大而辞职。

一个随意的奖励，居然引发那么多的负面情绪与后果。同样，一个随意的惩罚也会污染团队的气氛。要杜绝这种恶果，就需要将奖罚标准制度化、量化，摆在明处，让大家心服口服。

3. 双管齐下

有些公司领导本着"善心"，不太愿意用惩罚作为激励手段，而是偏重于奖励。殊不知奖励有时候并不一定管用。

曾经有一个国家城门失火了，火势很大，有可能蔓延开去，国王传旨要求老百姓起来救火。他许诺凡是参加救火的百姓都赏金银布帛，并且免除徭役，但时逢深夜，没有谁愿意来救火。

一位大臣建议说，如果奖励不起作用，那么就用罚吧。于是，国家的命令变成了，凡是不参加救火者，罚多少钱，服多少年徭役。命令一出，周围的百姓都跑来救火了。

赏罚是一个硬币的两面，离开任何一方，另一方都不能成立。只有赏，人们容易懈怠和投机；只有罚，人们容易消极或者反抗。只有双剑合璧，才能天下无敌！

4. 严守信用

说奖就奖，该罚必罚！正所谓人无信则不立，但有些管理者特别是老板，或在兑现奖金时舍不得，或在行使处罚时不忍心。

楚汉争霸时，投靠了刘邦的陈平对西楚霸王项羽的评价大意是：项羽表面上很爱他的士兵，士兵生病时他也会因此落泪，但当他要奖赏将士时却特别吝啬。

有座城池久攻不下，项羽许诺谁攻下后就将城池赏赐给谁。一位赵姓将军受此鼓舞，血战三个月终于破城。但项羽拿着掌管这座城池的大印，在手里反复摩挲玩味，连大印的角都磨得发光了也不肯发下去。

下属得不到应该有的赏赐，就会觉得项羽并不是真的爱惜下属，连看见士兵流泪的事也显得虚伪了。时间一长，英雄的"本色"会被下属看得很清楚，跟着他的人便越来越少。

赏罚要严守信用。古代兵书《尉缭子》中说："赏如日月，信如四时。"如果有功而不赏，就会让下属寒心，失去前进的动力。反正做不做都一样，那还不如不做呢？

打好感情牌

在你的眼中，下属是人还是机器？

这个问题直接关系到创业者采取哪一种管理方式，并能取得怎样的效果。对此，大多数创业者的答案都倾向于前者，毕竟以人为本的理念已深入人心了，但真正做的也许又是另一套。

有的公司出现的接二连三的跳楼事件，其中很重要的原因就是员工被机器挟持，进而变成了"机器"。面对板着脸孔的上级、冰冷刻板的规章、漠不关心的同事，麻木机械地上班、下班，工作效率与质量能好到哪里去？

美国前总统尼克松在《领导人》一书中写道："我所认识的所有伟大的领导人，在内心深处都有着丰富的感情。"换一种说法，这些伟大的领导人都是富有人情味的。

我们在第一章说过"老干妈"陶华碧因势利导的创业故事。陶华碧没有读过书，唯一会写的是自己的名字——这三个字还是创业后因为经常需要签署文件而由儿子李贵山教会的。在"老干妈"的创业过程中，对陶华碧来说最大的难题并不是生产方面，而是来自管理上的压力。

首先，在儿子李贵山的帮助下，陶华碧终于制定出了公司最原始的、带着浓厚乡土气息的规章制度。除了刚性的制度管理外，陶华碧还运用了她在生活中学到的管理方式：富有人情味。

虽然没有读过书，但陶华碧明白这样一个道理：帮一个人，感动一群人；关心一群人，肯定能感动整个集体。

陶华碧总是在人们想不到的地方关心人、体谅人。公司里有一个厨师来自农村，父母早丧，家里还有两个年幼的弟弟，可他爱喝酒、抽烟，每月一千多元的工资，几乎都被他花掉了。

陶华碧得知这一情况后，很是担心。有一天下班后，她专门请这个厨师到酒店喝酒。酒桌上，她对他说："孩子，今天你想喝什么酒就要什么酒，想喝多少就喝多少。但是，从明天开始，你要戒酒戒烟。因为，你要让两个弟弟去读书，千万别像我一样一个大字不识。"

这番语重心长的话，使这个厨师深受感动，当即表示戒酒戒烟。但陶华碧还是不放心，她只让他每月留200元钱零花，其余的钱则由她替他保管，什么时候他弟弟上学要用钱时，再从她那里支取。

——这真是干妈一样的关心！

只是关心个别员工，陶华碧觉得还不够。每当有员工出差，她还总是像老妈妈送儿女远行一样，亲手为他们煮上几个鸡蛋，一直把他们送到厂门口，直到看到他们坐上了公交车后，她才回去……

"老干妈"公司的员工来自五湖四海，生活习惯各异。工人们每天吃、住、工作、生活在公司，时间久了，互相之间难免发生摩擦，但只要陶华碧一出面，问题就理得顺顺当当。就这样，公司全体员工在"老干妈"的呵护下，团结一心地为企业的明天而奋斗。

陶华碧的这种亲情化的"感情投资"，使公司的凝聚力一直只增不减。在员工的心目中，陶华碧就像妈妈一样可亲、可爱、可敬；在公司里，没有人叫她董事长，全都叫她"老干妈"。

在一部反映美国独立战争的电影中，一场残酷的攻坚战将要在荒原上展开。所有的将士都知道这一仗将是无比凶险，将会有无数战友有去无回。

将军最后一次检阅了他的部队。他从整齐的方阵前缓缓走过，眼里噙着泪水，注视着这些如他儿子般年轻的脸庞，似乎要将每一张脸都镌刻在脑海里。

这名将军自始至终没有说一句话，但他的举动震撼了每一个士兵的心灵。士兵们发出震耳欲聋的的喊声："自由万岁！"

然后在将军的指挥之下，士兵们如猛虎般朝敌阵发起了冲击。在那场决定整个战争胜负的惨烈战役中，他们发起一次又一次冲击，终于用鲜血凝成了胜利。

现代情绪心理学的研究表明，情绪、情感在人的心理活动中起着组织作用，它支配和组织着个体的思想和行为。因此，要想打造出一个高凝聚力的团队，创业者不但要"晓之以理"，还要投入一定的情感因素，动之以情。"理"是木桶的木板，而"情"是木板之间的粘合剂。

人非草木，孰能无情？把下属的冷暖放在心上，为下属排忧解难，真诚地"以心换心"，就可以产生一股凝聚力，也会使自己更具威望。

现在有个词叫"感情存储"，这句话对于创业者来说也很适用，帮助他人如同把一笔钱存入了银行，最终是会有回报的。

让组织保持快乐

有人说所谓的老板，就是老板着脸的那个人。

的确有不少老板喜欢板着脸，或许是性格使然，或许是认为唯有如此才能显得严肃，有"老板范"。但是，且慢，你在做老板之前，喜欢你的老板老是板着脸吗？

不喜欢的话，为什么自己要板着脸，使下属心生不快，噤若寒蝉？

对于大多数职场人士来说，每天至少八小时是在公司中度过的。在这段不短的工作时间里，他们可能遭遇失败、挫折、打击、困惑等不开心的事情。如果还遇上一个总是板着脸的老板，真是度日如年！

快乐与轻松能让工作更加高效，压抑与死板导致工作低效。一个明显的例子是：和好朋友一起做一件事效率高，而和严厉的父亲一起做一件事，效率低且容易出错。

150多年前，一个叫H.J.亨氏的美国青年将他的调味酱装进透明玻璃瓶里出售。谁都没有想到，这一创意日后成就了一个超级食品公司。

如今，亨氏集团年销售额近百亿美元，分公司和分支机构遍布全球110多个国家和地区，拥有150多种全球数一数二的著名品牌。

亨氏认为，快乐的工作气氛对员工的工作促进比金钱还要大。他很注重在公司内营造融洽的工作气氛。身材矮小的亨氏如同一个播种快乐的天使，走到哪里，哪里就谈笑风生、其乐融融。

有一次，亨氏出外旅行，但不久就回来了，这让员工们很纳闷。于是有个员工就走上前去细问情况。亨氏说："你们不在，我感觉玩得没劲。"接着，他派几名员工在工厂中央摆放了一个大玻璃箱——在这只玻璃箱里，有一只巨大的短吻鳄！

亨氏面带微笑，问围观的员工们："怎么样，这家伙看起来很好玩吧？"在当时，那么巨大的短吻鳄并不容易见到。围拢过来的员工们在惊愕之余，都大声说有趣。

亨氏接着说道："我的这次旅行虽然短暂，但这条短吻鳄让我觉得难忘，于是我把它买回来，希望你们能与我共享快乐！"

正是亨氏这种与员工"共享快乐"的管理方法，使亨氏公司的员工每天都处于一个快乐的工作环境之中。而一个令人愉悦的环境，理所当然会让置身其中的人更有激情与创意。亨氏的这种快乐管理，被他的继任者们所继承，公司历经150多年的沧桑而日益壮大。

当然，快乐管理并不等于嘻嘻哈哈的娱乐，它的实质是一种自觉自愿、积极向上地实现自我价值的心态。作为创业者，要善于运用快乐管理，让员工从工作中感到幸福，从而改变传统的"权力向上集中，问责向下发放"的管理弊端。

家族式企业的管理

我国有句俗话，叫"打虎亲兄弟，上阵父子兵。"亲情与血缘关系是人际纽带中最为重要的，因此不少人创业都是夫妻店、兄弟伙。而将此关系略微延伸，就出现了七大姑八大姨纷纷来"帮忙"的状况。

家族式创业并非不可取，反而在创业初期是一种非常好的方式。家人、亲戚最容易在不讲条件、不计付出的情况下，拧成一股绳，劲往一处使。甚至不需要什么规章制度来约束，大家也能尽职尽责地干好分内之事。将大家拧成一股绳的是亲情，是亲人之间的彼此放心、彼此关心。

希望集团创业之初，就是刘永行四兄弟合伙。刘永行四兄弟都接受过高等教育，其中刘永行是恢复高考后的第一批高考生（77届），他是当年新津县的高考理科状元。

刘氏兄弟财富的金山，来自下"金蛋"的鹌鹑。最初提出到农村去创业的，是老大刘永言。1982年，在成都电机厂工作的刘永言提出兄弟几个联手养鹌鹑。刘永行便在阳台上先试养了几十只，并研制人工孵化器。借助过去无线电修配工的技术背景，在一段时间的摸索后成功研制出了人工孵化器。

1982年年底，根据刘永言的建议，老四刘永好和老三刘永美（陈育新）加入阵营，兄弟四个开始合办育新良种场（希望集团的前身）。由于缺少资金，兄弟们不得不设法筹措。刘永行曾这样回忆那时的艰难："当时，为了办企业，我们四兄弟卖掉了手表、自行车和自己装的电视机，凑了1 000元钱。"

创业一路坎坷，好在"兄弟齐心，其利断金"，刘氏四兄弟都成了响当当的企业家。

但正如硬币有两个面，亲情宝贵，这种宝贵的背后最容易滋生温情与放纵。在"共苦"时，亲情的表现是正向的，而在"同甘"时往往就开始变质。各人将自己的亲戚安排进来，"皇亲国戚"们享有种种特权，导致企业军心涣散，离心离德，事业遭到严重破坏。

在刘氏兄弟的育新良种场开发出鹌鹑饲料之初，饲料一度供不应求。为了保证销售过程中公平、公正，刘永行和兄弟们制定了制度：任何人在销售饲料时不得"开后门"。有一次来厂里买鹌鹑饲料的客户排了很长的队，刘永行的妹妹也来买饲料，一看这么多人，就去找刘永行的妻子郑彦初帮忙。

郑彦初亲自带着妹妹插队买饲料。饲料刚称好，就被刘永行发现。当着众人的面，刘永行非常严厉地让妻子把称好的饲料倒掉，妻子哭了，转身跑回去。晚上，刘永行对妻子说："不是我故意给你难堪，厂里定的纪律，我们不带头执行，还怎么去管别人？"

厂里有两个员工是刘家的亲戚，这两个员工因为"皇亲国戚"的身份，不努力工作，没有按承包合同完成销售指标，结果被刘永行毫不留情地炒了鱿鱼。刘永行强调：

"企业没有特殊的员工，也没有特殊的老总，在制度面前人人平等；任何人不按规矩办事，使公司制度形同虚设，都要受到处罚。"员工们都知道刘永行的铁面无私，执行规章制度谁也不敢马虎，一套运转灵活、生机勃勃的机制，在各个公司普遍推开，给企业带来欣欣向荣的局面。

在战场上军令如山，必须做到令出必行才能赢得战斗。商场如战场，没有令出必行的执行力是不行的。在《史记·孙子吴起列传》中，有个"三令五申"的故事，说的是吴王要孙子训练宫中嫔妃成为娘子军，起初嫔妃们觉得好玩，嘻嘻哈哈，不遵从孙子的指令。

孙子数次告诫她们，仍不听从。三天后，孙子行使无情军法，当场将吴王最宠爱的两个妃子斩首。事毕，嫔妃们肃然起敬、令出必行，军容整顿，井井有条。

没有规矩则不成方圆，小微企业也应该逐渐完善制度，尽量靠制度来管理、协调，而不是靠亲情、信任。企业制度能否深入人心，关键还在于管理者是否有正确的自律意识。有句话这样说道：善为人者能自为，善治人者能自治。

只有管理者身体力行、以身作则，才能要求员工对自己的行为负责。领导也必须明白自己的职责，并对自己的行为负责，自己做不到的事就不要要求员工去做，要求员工改掉坏毛病，就要首先自己改掉坏习惯。在平时乐于接受监督，因为管理者与员工同乘着企业这条船，只有平时同甘共苦，情况紧急时才会同舟共济。

刘永行"严如钟馗执剑"，但同时也"宽如慈母怜子"。他会记得许多员工的生日，会在生日当天或提前赠送一些小的生日礼物。他甚至将关心员工的触角延伸到了员工的家人。

即使后来成了忙碌的企业家，刘永行也会经常和员工一起在食堂就餐，和员工共用一个洗手间，让员工感到亲切、亲近。他没有架子，从来不骂人，脸上永远带着温和的微笑，说话的时候非常注意措辞，从不会让人听了感到不舒服。基层员工见了他也不会感到有压力。

在东方希望集团的一次办公室主任会议上，刘永行这样说："如果一个员工家庭遇到困难，总经理要求完成经营目标，生产部经理要求完成生产计划，谁来关心这名遇到困难的员工呢？如果总经理顾不上，就需要办公室主任去关心……我们要做好关心员工生活的工作,做好各部门之间的协调工作,协助总经理处理相关的事务,这就是办公室主任。"

刘永行从不高高在上地发号施令,他始终注意与员工平等相处。他觉得自己与员工之间是一种合作关系,是一种相互吸引、相互依存的关系。他认为自己的体力也许比不上一个清洁工,口才也许比不上一个长期从事推销工作的业务员,自己的文笔也许比不上刚招聘来的年轻秘书,所以他应该保持低调,用虚心请教和善于倾听来提高自己并充分发挥领导才能。这使他更容易为员工所接受。

用制度约束人,用温情感召人。这种带有"胡萝卜加大棒"的传统套路痕迹的管理方法,听起来似乎没有最时髦的管理方法那么先进,但真正能做到的创业者又有几个呢?

如何防止人才流失

创业十年的周老板现在有一家30多人的小型机械厂,他忧心忡忡地说:"现在,好多员工似乎把企业当作一个福利机构,或是自己另谋高就之前的跳板、垫脚石。"很多员工骑驴找马,朝三暮四。对企业有一点不满意,或者外部给他一点诱惑,他就闪了。这种现象不单发生在年轻人身上,很多中年人也不甘寂寞,隔一段时间再见面时,常常会拿出与以往不同的名片。

湖南长沙的小刘,在2014年离开北京回到家乡创业。仗着在知名企业历练来的技术,他在芙蓉中路的一栋写字楼里开了一家文化传播公司,从事商业三维动画制作。

起初的一两年,生意还算可以。"两个原来的同事,加上我,再招了三个新手，就把公司支撑起来了。靠着圈内朋友分包的一些小活，间或在长沙找点一手的业务，第一年就做了100多万的业绩。"因为三维动画是纯电脑制作，除了员工薪水之外，就是办公室的租金与一些水电费开支了。因此，盈利还是较为理想的。

"2015年，我干脆按揭了一套80平方米的公寓作为办公场地，每个月还贷和之前的月租差不多，但毕竟房子是自己的。"可是，从那一年起，员工流动性大的问题就开始困扰着他。先是两个老同事相继离职，自己办起了工作室。

"不用注册，租个三室两厅的民宅，吃住上班都在这里。这么低的门槛，上班自由，收入也相对高，谁不眼红啊？员工做一年多，也有的出去单干了。"小刘说，"我用股份也没有留住技术能手。"

适度的员工流失，可优化企业内部人员结构，使之充满生机和活力。但过高的员工流失率会让企业不堪重负。

人力资源成本并不是用每位员工的薪酬相加就可以衡量的。包括作业成本、管理成本、办公费用成本、培训费、招聘费、五险一金等各项费用。如果员工工作效益和成本不成正比，企业的损失将是很大的。

拿人力取得成本来说，当招聘会的规模越来越大，人员投简历次数越来越多时，面谈的次数相应增多，招聘成本随之上升。如果新招聘的人员短时间流失，企业还会花费填补空缺的时间、其他人员的聘雇成本等。

即便是内部调换员工补充，从一个岗位转到另一个岗位，或从一个部门换到另一个部门期间，也会产生员工档案交接成本，以及因不熟悉工作、产生错误等诸多因素而带来成本增加等。

另外，员工离开企业或多或少都存在一定程度对企业的不满，他们可能会自觉或不自觉地发出不利于企业的言论，在员工中间传播会引起人心不稳，扩散出去会破坏企业名声。

一般来说，本土企业在10%以内的员工流失率（一年）属于正常。以业务为导向的公司或团队，则可以将尺度放宽到20%。但在大多数小微企业里，流失率往往超过30%甚至50%。

因此，面对员工的流失，创业者要尽到自己留人的责任：

1. 招聘合适的员工；
2. 招聘前坦诚告知企业的规模与前景，不要刻意吹嘘；
3. 让每一个人都有事可干；
4. 及时了解员工的思想动态；
5. 建立通畅的意见（建议）渠道；
6. 进行坦诚的离职面谈，了解原因并化解负面情绪。

CHAPTER 7

第七章

稳步打开局面

企业发展慢一点,少失误。一定要看到自己的不足,要有科学决策,做事不要超越自己的承受能力。

——鲁冠球

如果我们将企业界比作森林，那么，大型企业是数量稀少的参天大树，中型企业是茁壮健实的树，小型企业则是众多的小树与灌木，微型企业则是那种贴近地面的幼苗。

　　森林里没有一棵多余的树。企业的幼苗再微小，也能为世界增添绿色。而每一棵大树的长成，都是从幼苗开始的。世间万物都有一个从小到大的嬗变。开一家小店，以此作为起点，你也可以成为明天的张近东、刘永好。他们，不也是这么过来的吗？

运用目标管理

　　目标管理（MBO）是以最终目标为导向，来协调各种资源有效利用的一种管理活动。它以目标的设置和分解、实施及完成情况的检查、奖罚为手段，通过员工的自我管理来实现企业经营目的的一种管理方法。

　　目标管理被誉为"管理中的管理"，是美国管理专家彼得·德鲁克提出来的。德鲁克在《管理的实践》中最先提出目标管理这个概念，他认为：并不是有了工作才有目标，而是有了目标才能确定每个人的工作，所以"企业的使命和任务，必须转化为目标"，如果一个领域没有目标，这个领域的工作必然被忽视。

目标管理并不局限于年度销售目标，生产管理、现场管理、售后管理等，都可以实施。

在制定目标时，创业者必须遵守SMART原则。

1. 明确具体的（Specific）

要用明确具体的语言，清楚描述所要达成的行为标准。例如"提升客户满意度"，这种对目标的描述就不明确具体。因为提升客户满意度有许多具体方法，如减少客户投诉，提升服务的速度，使用礼貌用语，采用规范的服务流程……

2. 可衡量的（Measurable）

目标管理中的目标一定要是一个可以衡量的目标，否则容易造成目标达成与否的分歧。这要求尽量用数据来说话，例如，将客户投诉从2%减少到1.5%，在30天内给客户审片小样。对于那些不能量化的目标，可以实行标准化、流程化。

例如使用礼貌用语，接电话时第一句怎么说，挂电话前说什么，都可以标准化、流程化。而对于那些既不能量化，又无法标准化、流程化的目标，可以考虑将目标质化——从数量、质量、成本、时间、上级（或客户的满意度）这五个方面来进行综合考核。

3. 可达成的（Attainable）

不可能达成或者极难达成的目标，激不起团队成员的斗志。有些"专家"鼓励制定高难度的目标，认为"取乎其上，得乎其中；取乎其中，得乎其下；取乎其下，则无所得矣"。实则大谬。目标必须是自己所期待的或对自己有挑战的。人愿意为摘到桃子而练习跳高，但绝不愿为了摘到星星而练习跳高。

目标管理不是梦想宣言，梦想是"仰望星空"，目标需"脚踏实地"。你可梦想当比尔·盖茨，但不能将年度销售目标从500万一下子提高到500亿。如何判断目标是否"可达成"，这就要求坚持员工参与、上下左右沟通，使拟定的工作目标在组织及个人之间达成一致。

4. 与目标相关的（Relevant）

目标的设定，要和公司整体目标以及个人岗位职责存在密切关系。目标不宜多，你需要保证每一个目标都是紧紧围绕公司发展这个大目标。一些关联度不大的目标，没必要花精力去实现。因为实现了，也没有多大意义。

5. 有达成期限的（Time-bound）

没有达成期限的目标没有办法考核，或带来考核的不公。在2023年6月30日之前完成某事——2023年6月30日就是一个确定的时间限制。有些目标时间跨度大，那么就还需要分拆出小目标，定期检查小目标，通过小目标的如期推进来保证大目标的实现。

世界上最远的距离，是从头到脚，世界上最难的管理，是从目标到执行。而目标管理正好能更有力地保证执行。

自己跑销售

在网上，有一个叫"lioudu"的创业者苦闷地发帖求助——

我有个好的项目，7月份开始创业，最初是3个人，后来走了一个，现在剩下的这个也撑不住了，因为没有一分钱销售业绩。我们没有销售的团队，没有销售的人员。自己还不敢去跑市场，也不懂如何去跑。我们是做技术的。

找兼职根本没效果，找全职我们开不起底薪，只能开带有销售任务的底薪。很多人过来看了看项目就没什么音讯了。我这个项目确实不错，在我这个城市是独家，在其他的城市应用得特别广泛，成功案例特别多。酒店、宾馆、餐饮、汽车、教育等行业都可以用到——主要是展示的，是属于技术型的，比较新奇。现在面临的情况是工作室没有任何收入，两人也不敢跑市场。我另一个创业伙伴由于种种压力要放弃。我现在很愁，我该怎么办好？

帖子下面有一个回答，被贴主评为最佳答案：

没有销售业绩，你怎么知道你的项目是有市场的？你总说不敢跑市场，为什么？既然技术那么难，你都能做好，为什么就没有信心跑市场呢？再说你眼下的现状，已经不是敢不敢的问题了。假如你还抱有"我怎么能去跑市场呢？"这样的心态的话，真的就是只有放弃这条路了！

既然没有了路，那就勇敢地走出去，自己跑市场。我也是做技术出身的，最初别人建议我做销售的时候，我也胆怯过，可是最后慢慢地克服了自己的胆怯心理，走出了第一步，反倒感觉蛮好的！尤其是我们做技术的再去跑市场的话，还是优势蛮多的，起码可以给客户讲解得非常透彻，不用再去咨询别人了。看到如此专业的技术人员亲自跑市场，还有客户会拒绝您吗？

在我听过的无数创业计划中，很多人唾沫乱飞地讲着和销售完全无关的事情，比如，多么费力地开发出一个"高大上"的产品，手里握有多少资金，周边的朋友多么看好项目……但是，这些都是"浮云"，创业最应该重视的是销售，销售，销售！

创业前与创业中，没有什么比把你的产品卖出去更重要的事情。特别是新创的小微企业，没有销售的支撑，只需要几个月就会面临资金断裂与信心的崩溃。那么，是不是应该尽快雇用业务员来跑业务？

我的意见是不要着急，初创时最好由你自己来跑销售。"创业公司里总是喜欢流传神话似的创业故事。但实际上，'你马上就需要专业的销售人员'，这才是神话。"芝加哥大学商学院研究创业的教授克雷格·沃特曼如是说。

为什么不要雇用业务员跑销售，而是创业者亲自出马？

首先，创业者对产品具有比业务员更高的热情，这种热情更容易感染客户。

其次，创业者将自己身家赌上去创业，在销售时会更加执着，不放弃，不抛弃。

再者，在推销中，创业者能及时收集到客户对产品的评价。客户的见解是无价的，可以帮助你评估自己是否发现了适合的客户，以及你是否在朝着正确的方向努力。

此外，你可以将你的销售经验与故事和员工分享，引导与激励他们创造出更好的业绩。将来招聘业务员，你也是最好的培训师。

最后，招聘和培训销售人员需要一笔不菲的花销，节省点资金吧。初创的小微企业羽翼未丰，要招聘到敬业而且能力优秀的业务员的可能性太小了。不是你炒掉不想要的业务员，就是优秀的业务员炒掉你。与其在一轮一轮的招聘、培养、试错中花费时间与经济成本，不如自己走出去。等自己有了推销的思路与方法后，再招聘业务员，就可以扶他们上马并送一程了。

如果你留心身边的创业人士，会发现做销售出身的创业者的成功概率相对更大一些，从一个优秀的业务员转为老板相对容易成功。当今缺的不是产品，而是市场。而对于那些"技术控"创业者来说，走出去推销对他们是件很难的事。但创业路上处处是推销，你怎么躲也躲不掉。对外推销产品给客户，对内推销思想、理念给员工……每一次说服、合作、成交，都可以说是一场推销。既然躲不掉，那还是迎难而上吧。

最常见、实用的销售方式有如下三种：

1. 上门推销

找到你的准客户，与其面对面推销，这是最实用的方式。例如，你新开的工作室做的是婚礼摄像，不妨直接找婚庆公司去谈合作。推销中最经常碰到的现象是被冷漠地拒绝，所以要做好承受被拒绝、被冷落、被挖苦等情况的心理准备。对于这一点，你要做好充分的准备。

2. 电话推销

电话推销也是很实用的推销工具，它能够省去登门拜访时的等候、见面客套等环节，可以在一天内接触上百个潜在客户。很多时候，电话推销只是推销的序幕，在电话中获得对方的兴趣，之后再约定面谈时间进行深度沟通。当然，也有少数产品能够通过电话推销直接达成销售。准客户的电话可以通过黄页、网络搜索等方法得到。

3. 网络销售

网络销售指的是通过互联网将产品推销出去。在当今，不重视网络销售的公司是没有未来的。网络销售的渠道与方法有很多种，我们在本章后面的内容中重点讲解，在此不再赘言。

以上销售方式可以组合运用，三头并进。经过一年半载的实践之后，再决定偏重何种销售方式。需要提醒业务新手的是：销售笔记要坚持每天记录，成交的、正在跟进的，都要一一记清楚，以便随时掌握销售进度。

集中兵力重点突破

在广东佛山从事不锈钢生意的李炎飞的创业故事，可谓是典型的"逆袭"。他是怎么做到的呢？

2007年，在湖南老家做摩托车配件生意的李炎飞因为生意失败，背负一身债的他去广东东莞投靠姐姐、姐夫，做业务员。姐夫在东莞从事钢球贸易，销售各种直径的实心钢球、空心钢球。

因为姐夫的公司属于典型的家族企业，姐夫的各种亲戚在公司里占据各个部门的关键位置。在私企的混乱管理之下，利用财务漏洞中饱私囊的情形比比皆是。李炎飞的加入让"既得利益者"们有些恐慌，于是联合起来排挤、刁难与抹黑他。李炎飞忍无可忍，工作不到两个月便选择了退出。

考虑到失业后的工作与生活问题，李炎飞辞职前和姐夫说好：自己出去后还是跑钢球业务，跑到了业务就麻烦姐夫先发货，等他收了货款后马上付姐夫这边的款。说白了，他也就是做所谓的"提篮子"生意，和皮包公司还有一段距离——连空壳公司也没有。

李炎飞利用手里几百元现金，印制了一些张贴广告之后，甚至连买一辆二手自行车的钱也没有了。他徒步将印制的广告张贴在东莞的各个工业区，开始了自己的"创业"。

大半年的时间里，他总算从最初的衣食难保进步到了勉强解决温饱问题。在销售过程中，李炎飞发现不锈钢空心球的利润非常高，普通的实心钢球的利润只有百分之几，而不锈钢空心球的利润是百分之几百。但是，不锈钢空心球的单子少，用量一般不多。

李炎飞看到了逆袭的商机：不锈钢空心球。不锈钢空心球是钢球繁杂种类中的一个很小的冷门，没有任何一家专门做此类生意的商家。他决定集中自己的精力，专做不锈钢空心球贸易。

有了这个想法之后，他联系了多家生产厂家，搜集了大量的不锈钢空心球样品，在阿里巴巴、中国制造网，以及一些行业网站发布供应不锈钢空心球的广告。只销售不锈钢空心球的业务信息很快遍布网上，求购的电话也从全国各地甚至海外纷纷打来了。

因为属于冷门，单笔业务一般不大，因此都是先付款再发货，而且利润率奇高，售价至少是成本的两倍（三四倍也正常）。2008年，李炎飞做了近200万元的不锈钢空气球业务（有些大业务他没有实力接，否则会做得更多）。

靠不锈钢空心球打开市场后，李炎飞的钢球业务也就顺势起飞。短短几年时间，他就拥有了自己的金属球加工厂、外贸公司以及多家销售部，生意做得比姐夫红火得多。现在，他已成为全国不锈钢空心球行业首屈一指的供应商。

创业如同打仗，需要找出重点突破口。小微企业没有充足的兵力与弹药去全线攻击，因此最佳的方式是选取一点重点攻破，然后再以点带面，夺取最后的胜利。

处在创业头两年的小微企业，制定宏伟的战略目标与规划没有任何意义。你唯一应该去做的就是：单点突破，把一点做到极致。这个"点"，可以是产品，也可以是特定的区域与特色的服务。

"给我一个支点，我就能撬动地球！"阿基米德的这句名言，可谓智慧与霸气齐飞。

乔布斯在返回苹果之初，很多人都不看好他。就连硅谷大佬们聚会都懒得邀请他，甚至还有人公开表示乔布斯就应该解散公司，把钱还给股东。但是他用一个ipod作为"支点"，撬动了一个商业帝国，连续多年成为全球市值最高的公司。

2000年推出的第一代iPod，说白了就是一个MP3播放器，当时市面上MP3已经泛滥成灾，苹果iPod凭什么异军突起？

它赢在一个点上：在iPod里加了一个小硬盘，能存上千首歌，号称能把你一生中喜欢的所有歌曲都存在里面。iPod在存储量上做到了极致，带来了震撼，赢得了用户青睐。随后，第二代、第三代在颜色、设计上再多花点心思，使得其市场热度一直居高不下。

iPod牢牢占据全球市场占有率第一之后，乔布斯利用这个"支点"，顺势推出iTunes和Mac笔记本电脑和台式电脑、OSX操作系统，以及革命性的

iPhone和iPad，用惊人的速度打造了一个无与伦比的商业帝国。

仔细想想，你的事业"支点"在哪里？

异业合作，打造双赢

2013年年末，山东临沂市的顺和酒行惊呆了很多创业界的小伙伴。

这家三线城市的白酒行业连锁酒行，在创业的短短6年内做出60家门店的数量规模，2013年9月还在齐鲁股权托管中心挂牌上市，成为山东酒行业第一家成功上市的企业。更让人感觉不可思议的是，即便是在"三公"消费严重萎缩的背景下，他们新开的店铺也不少。

一次，酒行创始人马龙刚受朋友邀请到一家健身会馆打球，结识了会馆的老板。得知这个会馆只向会员开放后，他向老板提出一项诱人的建议："我给你带来100个新会员怎么样？"

显然，这是一个难以抗拒的诱惑。

一番商议下来，会馆给了马龙刚100张面值1 000元的健身会员卡，并在健身会馆提供场地作为顺和酒行的形象展示柜台；马龙刚则给健身会馆100箱价值1 200元的白酒，供他们作为会员礼品或招待使用。

在付出了12万元的白酒成本后，马龙刚得到了什么呢？

10万元的健身会员卡作为礼品，送给酒行的贵宾会员，同时馆内的展示柜也能带动白酒销售。（会馆也得到实惠：得到100个新会员以及他们所带来的潜在客户，12万元的酒水作为办卡送酒的礼品，效果非常不错。）

就这样，卖酒的和做健身的结成联盟，产生了1+1>2的效果。

有了这次成功的经验后，马龙刚用类似的方式，与汽车4S店、高尔夫俱乐部等会员制的服务机构进行了交换。大家各取所需，皆大欢喜。

"这些正是我的目标消费群体聚集的地方。"马龙刚说。他的酒行获得了与目标消费者直接沟通的机会，会员数量也随之增长。

顺和酒行的这些招数，就是所谓的异业合作。异业合作是指：两个或两个以上的不同行业的企业，通过分享市场营销中的资源，以达到拓展业务、降低营销成本的目的。之所以强调是"异业"，道理很简单——同行是冤家，谁都不会把自己的资源拿出来给同行。

除了必须是异业外，异业合作的另一个前提是：合作各方的目标消费者部分或者全部重合。若没有交集，合而不作，没有意义。

很多大企业也在进行异业合作，不过大多是进行品牌推广上的合作。对于小微企业来说，捆绑销售与渠道资源上的异业合作更为现实与实在。

捆绑销售是一种搭便车的捷径，例如，将鼠标垫捆绑在电脑上进行销售，这是最为原始的捆绑。如果拓展思路，像顺和酒行与健身会馆之间看似风马牛不相及的两家企业也可以实现捆绑，因为他们的目标消费者有大量交集。

不过，这种捆绑销售不是一种简单的促销，而是着眼于扩大消费群。在前面的故事中，酒行的捆绑销售无疑会给健身会馆带来不少新客户，而新客户变成续费的老客户是相对容易的。

顺和酒行得到了什么呢？除了100张礼品卡能够取得客户好感外，健身会馆给予的渠道资源合作是最大的收获。所谓渠道资源合作，是指让合作企业的产品通过自己的销售渠道进行销售，或者是开放产品展示渠道，为合作企业的产品提供更加宽广的展示平台，通过渠道资源的共享实现自我产品的销售。健身会馆为顺和酒行设置的形象展示柜台，不仅可以带动销售，还是一个很好的广告展位。

就这样，你通过我得到了更多客户，我通过你也得到了更多客户；你帮我销售，我帮你销售；你帮我宣传，我帮你宣传。大家各尽所能，各取所需。

异业合作并不需要太大的资金就可以立竿见影，它需要的是你独特的眼光与智慧。

必须借力互联网

依托互联网迅猛壮大的电子商务呼啸而来，掀起一场翻天覆地的商业革命。传统的壁垒不见了，界限消失了，规则改变了……

在互联网上，巨大的购物潜力和多种电子商务平台的选择，给小微企业打开了一扇宝藏之门。电子商务是一个开放性的平台，它提供了一个所有企业平等竞技的舞台。

创业者不需要再辛辛苦苦建一级又一级的销售渠道，也不必求神拜佛般找这个卖场、那个批发部，鼠标一点，产品上线，就连远在大洋彼岸的客户都看得到。这给初创期的小微企业提供了广阔的发展空间。

2007年夏天，刚从江西九江学院毕业的刘鹏飞，来到浙江义乌打工。周末晚上，他在义乌梅湖公园散步时，看见头顶上飘过一盏盏亮亮的东西。知道是孔明灯后，刘鹏飞心想：孔明灯生意投资少，自己能不能做呢？

第二天不用上班，刘鹏飞花了一整天的时间走访小商品市场，寻找卖孔明灯的店面。调查的结果是：在这个全世界最大的小商品市场里，销售孔明灯的商户不到五家。回到家，他上网查询，发现在阿里巴巴、中国制造、环境资源这三个平台居然没有人卖孔明灯。

刘鹏飞出身农村，家境贫寒，他的全部创业资本是自己的第一个月工资：1 400元。拿到工资后，他辞职了，进了一批孔明灯，在阿里巴巴等网站做起电子商务。

很快，刘鹏飞就赚了差不多10万元。拿着这笔钱，他在老家开了加工厂。孔明灯制作简单、投资少、回报快。就这样，他自产自销，滚动发展，通过互联网将生意做到了全世界。

只要你有眼光、有想法，就不怕没出路。身处互联网商业时代，连卖煎饼、卖牛腩的小生意也能紧抱互联网这颗大树。"以互联网技术为依托的一场革命，正在颠覆很多旧的商业模式与规则。"马云如是说。

小微企业该如何从这场技术变革带来的盛宴中分一杯羹呢？

对于那些已经涉足传统PC互联网电子商务的企业来说，把PC互联网的触角延伸到移动互联网是当务之急。人手一部智能手机，数亿"拇指族"随时随地成为你的顾客。而随着5G时代的到来，无线传输速度得到大幅提升，手机上网的人数与时间将轻而易举地超越传统PC。捆绑手机的各种支付手段，也让依托移动互联网的电子商务更加便捷。

对于那些尚未涉足电子商务的传统企业，需要做的事情则更多。建个企业网站，将产品供求信息发到阿里巴巴以及相关行业网站，效果都是立竿见影的。如果客户多为本地人士，最好马上打造一个移动互联网平台，快速导入客户。

与传统互联网不同的是，传统互联网的入口是浏览器，而移动互联网目前则属于本地App时代，App最能适应以触摸为主要操作方式的移动智能终端的需求。

对于小微企业的电子商务应用，不少地区在财政上进行补贴。有的地方只需企业提供介绍和产品信息，由政府牵头的专业机构免费提供企业网站的制作，并一揽子解决域名、服务器的费用。有的地方发放消费券，企业可以用消费券购买服务机构提供的有偿信息化服务。这也可以帮不少创业者节省资金以及精力。

QQ群主的生意经

曾经有人说：如果腾讯的QQ群因为技术故障而暂停一周，这一周里北京的夜店生意要减少一半。

北京的夜店与QQ群有什么关系呢？

如果经常去三里屯、工体西路、后海的夜店，就知道这些地方的QQ群聚会有多火爆。经常是一堆又一堆的青年男女，彼此喊着网名，并做着自我介绍。从QQ群诞生开始，就出现了这种按兴趣扎堆的"组织"，最开始是群主牵头组织活动并实行AA制，后来商家发现有利可图，就慢慢跟群主展开合作。

在北京，有不少QQ群主依靠组织群友聚会，获取不菲的佣金。

这就给小微企业带来一个开拓客户的新视角：组建以潜在客户为主体的QQ群，开展自己的业务。

在重庆四面山上拥有一家豪猪养殖中心的陈女士，不仅自己组建了养殖爱好者的QQ群，还参加了很多类似的QQ群。在群里，她热烈地解答各种养殖上的问题。碰上有心想养豪猪的群友，她就会主动与对方私聊。依靠这种方式，她一年能销售四五十万元的种猪与仔猪。

对于QQ群营销，陈女士认为"攒人品"至关重要。一个群里，同行自然不少，凭什么让客户相信你、选择你，靠的是日常聊天中的点点滴滴汇集起来的印象。客户一旦相信你，同行怎么抢也抢不走。

建立QQ群时应注意，QQ群名称必须和你的产品或者行业相关，如特种养殖群、驴友群等。另外，群名称包括相关行业关键词，群简介用简短的内容概括群的基本信息，设置群标签，这样有助于用户通过搜索查找QQ群而带来精准客户。

建立QQ群完成后，开始推广QQ群，可以利用博客、空间、论坛等各大推广平台来推广QQ群，鼓励用户加入。

值得注意的是，QQ群营销一定不能操之过急，要先汇聚人气，有了一定的精准用户后还要培养信任，建立长期的沟通环境。技巧如下：

1. 发布热点内容、执点话题，鼓励用户沟通讨论；

2. 通过群相册、群文件来分享有价值的图片或者文件，如公司活动图片、产品说明文档、使用手册等；

3. 定期举办QQ群语音交流会，解决客户的常见问题和疑问；

4. 运营过程中，群内尽量减少广告发布次数，避免引起群成员的反感；

5. 及时清理群内不和谐、乱发广告的成员，及时提醒，保证群内的和谐稳定。

可以说，QQ群营销是一个慢火细熬的工具。在你的企业还没有建立起来就可以开始经营。通过与QQ群成员的长期沟通交流，你不仅能更精准地捕捉客户需求，还可以与之建立深厚的信任关系，这些对成交都有非常大的作用。

乘着微信的翅膀

截至2021年三季度末，微信的注册用户已经超过12亿，这是什么概念？

——我们的客户，都在上微信，有人的地方好做生意。用微信朋友圈做生意，是一个很多人都在用的方法。

"羊妹家的艺术品均出自羊妹的纤纤肉手，件件孤品！"一家店名为"羊妹家Art House"的微店在2014年3月上线。老板是一个当年10岁的五年级小学生，"羊妹"是她的小名。

这家微店通过微信朋友圈传播，卖的是羊妹的画作和手工艺品，而羊妹的妈妈王珏则出任代理店长，二十几天内，就卖出近1 000元的商品。

羊妹是一名美术爱好者，从小学画画，爱好手工制作，积累了上百件自己的作品。妈妈王珏琢磨着想找一个平台展示女儿的作品，就下载了一款App，给女儿在微信上开了家网店。通过平台上传作品图，再配上相应的描述，下单、付款都能在朋友圈里完成。

在妈妈的帮助下，羊妹挑选出来的四十多件作品上架，不到一个月就卖了1 000元。

一个10岁小女孩能开店，卖自己的作品，并且赚到钱，这样的神话是通过微信这个平台诞生的。微信朋友圈拥有天然的社交网络服务（SNS）属性，在朋友圈发完产品照片，就可以直接通过微信私聊了，不用切换工具。

微信营销可以用微信公众平台，也可以用微信朋友圈、微信同城。

尽管腾讯公司一再声称微信只是提供一个互动的平台，"并不是一种营销工具"，但它的确被很多企业与商家用作营销并取得了很好的效果。通过这一平台，个人和企业可以群发文字、图片、语音、视频、图文消息五个类别的内容。目前微信公众平台支持PC端网页、移动互联网客户端登录，并可以绑定私人账号进行信息群发。

微信朋友圈、微信同城一般是以朋友为核心，或者以地域、爱好为主题拓展开来。利用微信私人账号加同城账号是很容易的，方法是搜附近的人，通过软件添加，锁定的人群基本上都是同城的。

如果有足够的人手与精力，可以做微信群联盟。比如说有十个人，每个人运营一个账号，等每个账号都运营到5 000人时，十个人组合就是5万人。这时候，不管是推荐产品，还是发布广告，都是一个非常好的渠道。

微信中的5万好友，相当于百万级粉丝的微博，甚至比微博的效果还要好。当你自己手握5万好友的账号，这个账号的好友都位于你所在的城市……你还怕做不好生意，赚不到钱吗？

对于创业者来说，QQ群也好，微信也好，都是一个销售渠道而已，不可将所有希望都放在某个渠道上，要线上线下齐努力，哪条线给力就主攻哪条，多点开花，四处布网，争取早日捕到大鱼。

CHAPTER 8

第八章

成功都是熬出来的

世界上很多成功不是你主动设计的,而是熬出来的,伟大是熬出来的,成功在于坚持。

——冯仑

所有的成功都是"熬"出来的。

这句话是周鸿祎说的,是冯仑说的,是"当年明月"说的,是万千成功人士用行动诠释出来的。

360董事长周鸿祎在一次演讲中说:"不要怕别人说自己是二百五,你坚持做下去,就像阿甘一样,成功是熬出来的。"

万通控股董事长冯仑在一次演讲中说:"世界上很多成功不是你主动设计的,而是熬出来的,伟大是熬出来的,成功在于坚持。"冯仑认为:"这就是我们所有创业的逻辑。"

以《明朝那些事儿》而斩获数千万版税的作家"当年明月"曾这样说:"比我有才华的人,没有我努力;比我努力的人,没有我有才华;既比我有才华,又比我努力的人,没有我能熬!"

从来就没有一帆风顺的创业。创业路上的风雨是立世的训喻,生意途中的困局是淘金的筛子。强者在风雨中磨砺成材,弱者在困局中落魄潦倒。

沉下心来赚第一桶金

"人生最重要的是第一桶金。"创业需要本钱,本钱越多,可供选择的项目就越多。在同等条件下,本钱的多寡与创业的成败以及创业的回报率成正比。最初的创业也许是为了生存——即所谓的生存型创业；而拥有了第一桶金后，你就可以为了自己的发展而创业——所谓的发展型创业。有了第一桶金，你的事业才有更上一层楼的可能。

第一桶金是一个创业范畴的概念，是创业过程中赚的第一笔丰厚利润，是任何一个成功的创业者所必须经历的关键一步。20世纪60年代美国石油巨子保罗·格蒂曾说："多数富豪对自己的财产毫不关心，但对挣到第一桶金的感觉却难以忘怀。"有的创业者用感性的口吻形容"第一桶金"，如同初吻一样让人回味无穷，难以忘却。

京城地产大腕潘石屹，他的第一桶金是在海南地产热中掘得的。当他看到海南地产过分地疯狂时，他拎着第一桶金转战北京。每当有人问到他怎么看待第一桶金时，他都说："人的第一桶金是自信。"

京东商城董事会主席兼CEO刘强东的第一桶金，是在中关村卖刻录机赚到的。在2010网络零售行业峰会上，刘强东说："互联网企业，特别是电子商务企业，最难的不是赚取第一桶金，而是如何圈住第一批用户。"

资深骨灰级创业家鲁冠球曾这么说："创业不是捡钱，是一分付出一分回报的交易。你要脚踏实地地积累每一分钱，努力赚得第一桶金。有了第一桶金，你的事业才有更上一层楼的可能。"鲁冠球几起几落，最后靠农机修配，用十年的时间才赚到了第一桶金。

创业初期，如何挖到第一桶金呢？

在《中外管理》杂志上，曾发表了鲁冠球的一篇题为《有目标，沉住气，悄悄干》的文章。在文章中，鲁冠球一再强调做事要在"审视自己的能力"的前提下定下目标，再埋头苦干、精益求精。他在文章中这样说："天上不会掉馅饼，只有靠自己实干，逐步积累发展。所以，做任何事一定要沉得住气，一定要有理想、目标，然后看什么目标，看有没有能力。只有时势造英雄，没有英雄造时势。"

新东方的创始人俞敏洪在看了鲁冠球的这篇文章后，认为鲁冠球用的九个字"道尽了一个人做事和做人成功的所有秘诀"。俞敏洪为此也专门写了一篇题目相同的文章，来解读鲁冠球的"九字真经"。内容大致是这样的：

第一点是定目标。人生天大地大，你得先确定自己要去哪里。否则，任何风对你来说都不是顺风。俞敏洪认为：目的地的远近决定了所需要做的准备的不同。比如，如果你从北大去清华，只需要骑自行车；如果你从北京去天津，可能需要开汽车；而如果你从中国去美国，那就需要坐飞机了。

目的地的环境也决定了你所需要具备的能力和装备。比如，如果你在国内旅游，有钱就能解决很多问题；如果你去国外旅游，就需要对当地的语言和习俗有所了解；如果你想登上喜马拉雅山，那就需要有强健的体魄、足够的训练和必要的登山设备。因此，定目标不仅仅是简单地设定一个目标就够了，还要看所定的目标是否切合实际和符合自己的能力。

第二点是沉住气。鲁冠球说："天上不会掉馅饼，只有靠自己实干，逐步积累发展。所以，做任何事一定要沉得住气。"创业切忌浮躁，俞敏洪认为：一个浮躁和急于求成的人往往缺乏周密的思考，言辞情感也容易露于表面，这样很容易把事情做得浅薄，也很容易被别人看破真相。

沉住气，首先指的是对自己和自己所做的事情有信心，一个对自己所做的事情没有信心的人是沉不住气的。只有坚定不移地相信自己能够成功的人，才会有足够的耐心沉住气，闷头苦干。沉住气也指一旦确定目标便不会轻易改变。很多人随着社会环境和形势的改变，不断改变自己的人生目标或做事目标，结果把时间都花在了目标的选择上。

很多人都以为自己在做事业，实际上是随波逐流。今天别人做网络，就跟着做网络；明天别人开连锁店，也跟着开连锁店，结果到最后一事无成。沉住气更重要的是指一个人遇到困难和挫折时能够不屈不挠，沉着应对，相信终有一天能够挺立在天地之间。

沉住气还表现在面对各种挑战和挫折时能够坦然处之，放眼未来。"人在失意之时，要像瘦鹅一样能忍饥耐饿，锻炼自己的忍耐力，等待机会到来。"这就是有过一段养鹅的经历给"台塑"董事长王永庆带来的重要启示。

第三点是悄悄干。这有点像贾平凹的人生信条"心系一处，守口如瓶"中的"守口如瓶"，而"心系一处"则和"有目标"类似。为什么要沉住气、守口如瓶呢？其中应该包含两层意思：第一层是保守自己的秘密，第二层是保持自己的谦逊。你的下一步要做什么，不能轻易张扬，对于生意场上的人来说，这或许是商业机密；对于常人来说，即使不是什么秘密，人们也只喜欢那些悄悄干出大事业的人，而厌恶那些事前唱高调的人。

做什么都喜欢大肆声张，经常会把自己逼到绝路。话放出去了，但后来情况发生了变化，原先预计的成绩、业绩做不到了。为了面子，勉力为之，结果只能是"偷鸡不成蚀把米"。

还是俞敏洪总结得好：让我们定目标以明志向，沉住气以踏征程，悄悄干以成大业。让我们大家共同努力，真正做一点有意义的事情，来证明我们存在的价值。

睡得地板，当得老板

当一个又一个新兴的企业如太阳般冉冉升起，创业成了所有不甘寂寞者的图腾。创业家们呈现在公众面前的永远是光鲜靓丽，却鲜有人知道他们一路的艰辛苦痛。

苦难是通往成功的必经之路。浙江是一个盛产大小老板的地区，流传在浙江人中的一句话值得大家深思，"睡得地板，当得老板"。

含着金钥匙出生的人毕竟是少数，大多数创业者都是苦出身。现有亿元资产的中国饰品业的"大姐大"浙江诸暨人周晓光，是17岁时怀揣母亲借给她的几十元本钱，到东北挑着货郎担卖绣花样开始创业的；温州的亿万富翁正泰集团董事长南存辉1978年开始创业时，是个走街串巷为人补鞋的少年……

名单可以开列很长。一切都说明，人不怕没有钱，就怕没有想赚钱的狠劲。这种狠，不是对别人，而是对自己。不仅在温州，就是在全国范围来说，许多有钱人都是如此。不要只羡慕老板现在的风光，也要明白老板过去的艰难。每一个风光老板的背后，都有一部艰辛史。

不只是出身苦，创业过程更是苦。有一句话形容他们是：起得比鸡早，睡得比狗晚，做得比牛多，跑得比马快，吃得比猪差！

重庆小天鹅集团，起源于一间16平方米的门面，逼仄的空间勉强放下3张桌子、3口锅。何永智和丈夫廖长光带着几个员工，每天天不亮就起床，三更半夜才能睡觉。由于店面小，同时也为了节约成本，夫妇俩和打工仔吃住都在火锅店。晚上睡觉只是在店中间拉一个布帘，员工睡外面，何永智夫妇睡里面。

何永智在狭窄店铺里的艰难起步，直至最后成为著名企业家，一切都来之不易。她在一些有关创业的演讲与报告中，经常提醒那些有志创业的人，创业是一个苦尽甘来的漫长过程，作为创业者一定要有吃苦的精神。这个苦尽甘来的创业家，被一些媒体尊称为"中国阿信"。

有一些想创业的人，满眼都是别的老板的风光。但事实并非这样。拿绝大多数新开的小公司、小工厂、作坊或店铺来说，老板一般也要兼任伙计之职，这两种身份使他必须忙里忙外，早出晚归。

因此，从劳累的角度来说，会比打工做职员时更辛苦。再说，你是老板,虽然不会有上面的老板来折腾你,但你的客户不见得对你那么客气,一些刁钻的供货商或经销商,某些蛮横的顾客,随时都有可能给你脸色,尽情摆布你,你在大多数情况下,不得不忍气吞声、笑脸相迎。要是生意不好或管理不善,你的员工也会动不动以辞职来给你脸色。

再说压力,当老板的将自己的身家押上,比打工的压力要大得多。老板生意做得不顺手,很容易一下子就将自己一家拖入债务的泥潭,要想换个地方做老板也困难重重。打工则不同,不顺手大不了工资少点或换个单位,一切影响都不会太大。

在俞敏洪登上富豪榜后,他的合伙人徐小平曾说过这样一句话:"俞敏洪左右开弓的糨糊刷,在中国留学生运动史上,刷下最激动人心的一页华章。"左右开弓,开启华章——何等潇洒大气!

然而真实的场景是:俞敏洪曾借着夜色,躲开城管与保安,骑个破单车,挂个糨糊桶,在腊月的北京满街贴招生广告。寒风如刀,前路渺渺……俞敏洪在创业面临巨大压力时,会一个人喝闷酒,醉了会大哭,会流泪,会大喊。等酒醒了,又像往常一样,拎着糨糊桶出发,或者是夹着皮包给学生上课。眼角的泪痕可以不干,该干的事不能不干。

当一个人选择了创业,就注定难以过上普通人的生活,再也不能按照普通人的方式来做事。普通人的七情六欲,普通人的喜怒哀乐,在这里都必须统统屈从于经济理性。做老板,尤其正在创业路上的老板,算得上是世界上风险最高的职业。他们承受着数十倍于别人的压力,在夹缝里求生存,他们在为家庭、员工、供应商、客户打工,还经常遭受来自各方各面的误解,他们不得不压抑着自己的情绪,付出别人难以承受的代价。

重重的压力,极易使他们在酒后撕下坚硬的外表,露出人性脆弱的一面。苏格兰作家托马斯·卡莱尔曾说过:"没有在深夜痛哭过的人,不足以谈人生。"创业家或许有足够的定力来面对深夜,却很难在酒醉后继续伪装。

也许,没有在酒后痛哭的人,也不足以谈创业。

方法总比问题多

世上可能有一帆风顺的爱情，但一定没有一帆风顺的事业。能称得上"事业"的，绝不是一般的事情或职业，而是一项复杂的、牵涉面较广的系统工程，随时都有千变万化的情况出现。因此，谁也不能保证我们的事业能百分之百地顺利实施。面对问题时，我们必须想办法解决，并从中吸取经验。

刘永行四兄弟合伙创业时，成立了一家育新良种场。一方面研究鹌鹑的养殖技术，另一方面利用人工孵化器孵雏鸡卖。刘永行和兄弟们小心翼翼地侍候着承载他们致富梦想的鸡蛋和鹌鹑蛋，希望这些蛋可以早日孵出金蛋来。然而天有不测风云，刚创立的事业，很快就遇上了一场"灭顶之灾"，险些将他们稚嫩的梦想幼芽摧毁。

一天，资阳县的一个专业户找到他们，下了4万只雏鸡的订单。刘氏兄弟马上借了一笔数额不少的钱，购买了4万枚种蛋。万万没有想到的是，2 000只雏鸡孵出来交给这个专业户后不久，他们便听说这个专业户跑了。他们去追款，发现交给这个专业户的雏鸡因饲养不当全部死亡，其人已经是倾家荡产。

下单的人已经跑了，他老婆跪在地上，让刘永行兄弟放过他们一家。看到这情形，刘氏兄弟也只好放弃追究责任。但近4万只小鸡马上就要破壳而出了。孵化出来的雏鸡怎么办？想卖掉一时又找不到客户，自己留着又无力负担庞大的饲养成本。去借钱渡难关吗？这根本就是妄想——4万枚种蛋的钱还是说好马上还，求爷爷告奶奶才勉强借来的。"我们真的是绝望了，"回忆起当时的情景，刘永行的语气中仍然透露出一丝悲凉。

强者与弱者一样，在巨大的打击之下也会感到绝望。但强者在绝望之后往往会寻找希望。而弱者，只会在绝望中萎靡与沦落。雏鸡自养是绝对不可能的，只能卖出去。刘永行沿着"卖雏鸡"这个思路，想了很久，觉得要解决问题、摆脱困境，只有把雏鸡卖给城里人一条路可走。

于是，兄弟四人连夜动手编起了竹筐。那时候，老四永好尚在成都上班，老三永美（陈育新）要照看近4万只小鸡的良种场，老二永行带头挑鸡筐，叫卖小鸡以自救。他经常是天没亮就起床，蹬3个小时的自行车，赶到20公里以外的农贸市场，再扯起嗓子叫卖。

他们兄弟几个靠卖雏鸡换回的钱，马上买进饲料供剩下的雏鸡"吃饭"。就这样连卖带养，左挪右腾，将近4万只雏鸡终于顺利地卖出去了。将买种蛋借的钱还了之后，亏了280元。

"不找借口，找方法。"这句话经常挂在刘永行口头。当然，他不是口头说说而已，更多的是落实在行动上。在这个世界上，最容易做的事，大概就是找借口了。实在没有借口，我们甚至还能说：我命不好。把看不见摸不着的命运拿来作借口。

创业路上的问题，无论是大是小，很少有自行消失的。而且问题常常会因为不处理而恶化。好在方法总比问题多。在问题面前，我们不要总是想着找借口，而是要积极地想办法。只要将思考的方向朝正确的解决方式挺进，或许一盘死棋也会活起来。

虽然不同问题的解决方法千差万别，但基本上可分成三步走。若能仔细研究这些步骤，判断力必能获得相当大的改善。

第一步，找出问题核心。

举一个简单的例子，如果有人因为靴子磨脚，不去找鞋匠而去看医生，这就是不会处理问题，没有找到问题的关键所在。从这里我们就可以理解，为什么去掉枝节、直捣核心是最重要的步骤了。当你在工作与生活中遇到问题时，应该想想这个例子，一定要把握住问题的核心。能够找出问题的核心,并简洁地归纳总结出来,问题就已解决一大半了。

再回到刘永行解决问题的例子中来。他当时要是不把重心放在"卖雏鸡",而是放在索赔或四处求爷爷告奶奶地借钱贷款上,估计问题会因得不到有效解决而扩大,最终发展到无法挽回、不可收拾的地步。

第二步,分析全部事实。

在找到真正的问题核心后,就要设法收集相关的资料和信息,然后进行深入的研讨和比较。应该有科学家搞科研那样审慎的态度。解决问题必须采用科学的方法,做判断或做决定都必须以事实为基础,同时,从各个角度来分析辨明事理也是必不可少的。

以前面案例中,刘永行解决问题的思路来说,他面对天天张口要吃饲料的小鸡,零卖给农民显然不可取,那时候正是春耕的农忙时节,农民不会要。而且农民更习惯用自家的鸡来孵鸡仔,这样不用花钱。而卖给专业户的话,一时又找不到。那城里人呢?那时的城里人习惯在自家阳台或空地上笼养一些鸡。他们手里有余钱,也不会自己孵鸡,同时也没有农忙这回事,这就是目标受众。

第三步,谨慎做出决定。

在做完比较和判断之后,我们要根据事情的紧急程度做出结论。情况紧急的,当然是快速决定、马上实行。如果事情不是十万火急,下结论不必过早。人对事物的认识总会受时间、空间的影响,而我们面对的是变化的、运动着的世界。

因此,我们经常会遇到因考虑不周、鲁莽行动而造成损失的情况,所以要"三思而后行"。要知道,许多矛盾和问题的产生,都是冲动、轻率行动的结果。当然,我们所说的谨慎,绝非一味拖延。

总之,办法总比问题多。一个人解决问题的水平有多高,他的创业之路就能走多远!

发展一定要稳中求进

黑马网上曾有一个"90后"创业失败的故事，故事主人公由于忍受不了一成不变的打工生活，选择卖房创业，从房产中介起步，构建了本地房产发布平台、本地房产团购平台及本地团购平台，但最终的结局却是失败了。

原文较长，下面是故事简述：

2013年初，我卖了县城按揭的房子，手里拿着8万元开始创业。我前期的打算是做房产中介，和大城市不同，房产中介在我们小县城是一个新兴的行业。我的最初打算是这样的：

第一步，从一家房产中介起步，立足本地，将整个房产中介的管理、交易流程总结完毕，并成功实施。

第二步，建立本地的网上房产信息发布平台，将其建立为一家实体与互联网相结合的房产中介。

第三步，建立一手房房产团购平台，就是模仿新浪乐居。

第四步，开展连锁加盟模式，组建三位一体的，涵盖一手房、二手房、线下实体、线上发布的房产中介的新型模式。

2013年4月1日，店面装修完毕，招了四名员工后正式开张。经过两个月的跟单，6月、7月终于开始有结果，这两个月取得了纯利2.4万元的战果（去掉员工薪水、提成以及所有运营开支）。

在运作中介时，我在6月还涉足了乡镇的社区小产权的楼盘代理。因为自己的资金不够，就找了一个合作伙伴来投资。因为小产权无法办理按揭贷款，销售基本无力推动，很快就以合作伙伴亏损20万元而告终。

虽然中介似乎上了正轨，利润也比较可观，但我总感觉这样赚钱太慢。于是在小产权代理项目失败后，我又瞄上了房产团购。8月中旬就开始建站，花了1万多元钱，9月中旬就上线了。这个时候我又开始着手网站推广。

由于手头资金有限，网站推广并没有多大的效果。这个时候我手头只有不到一万元钱了，房产中介那帮员工也开始军心涣散，我一边稳住员工，一边还得寻求出路。无奈之下，我孤注一掷，花了几千元在本地媒体和网站首页打了广告。结果依然是毫无起色。

这时我手里的钱基本花光了，因为家里无法提供支持，就找朋友借了两万多元钱，开始又一次尝试：我打算建立一个本地团购网站，把我的房产团购平台托起来。

10月，本地团购网上线。到11月，我手里的钱再次见底，这时中介因为没有资金已经停止运转。

广告投入了接近两万，这个时候我不得不又开始借钱了，至元旦时又借了3万多元并全部投进去，一共做了四五万元的生意，按照5%的提成，网站收入才2000多元。更要命的是，一家本地的门户网站也涉足团购，因为它本身有一定的人气积累，我的网站在竞争中不得不暂时处于下风。

现在，我只能坚持守住这个网站。白天去打工，晚上维护网站。

"90后"卖房创业，可谓勇气十足。运作两个月后就开始月盈利逾万，可谓开门大吉。然而，这么好的开局，因为创业者的冒进而陷入泥淖，真是让人唏嘘不已。

老贾在北京的大红门开了一家快餐店，生意非常好，第一个月就开始盈利。望着店内宾客如云，听着此起彼伏的外卖叫送电话，踌躇满志的老贾"决定要把这个生意火爆的餐饮店做成一个连锁店，做成一个知名度很高的品牌"。于是他开始学着大品牌做出品的标准化，从后厨到前厅，都做到统一标准。

在第一家店开了七个月的时候,他复制了一家快餐店,生意还是不错。接连到来的成功使老贾的自信心极度膨胀,他觉得照这个模式复制下去一定可以做大,于是想做个旗舰店来招引加盟商。老贾筹措资金开始开大店做样板。他把其他两家店的资金都抽出来,做了一家最大的店,在面积和定位上都完全脱离了之前设想的目标以及市场定位,然后在所有方面都尽力去做到最大。他期望商标一下来,就立刻开始招商加盟,把快餐店做到全中国。

但是悲剧发生了,他的这家大店入不敷出,根本没法收回成本。持续的亏损如止不住的血,靠正在盈利的两家店一起输血都难以维持。最终,旗舰店在苦苦支撑了七个月之后,不得不关闭。手里两家盈利的店也不得不转让,以偿还旗舰店亏损期间的各种欠债。

生意高手们,往往善于三个茶壶两个盖,甚至三个茶壶一个盖。双手翻飞,茶不凉不泼,恰到好处。这样用一百元做两三百元生意的艺术,一度被生意人奉为最高境界。殊不知,市场好时,玩点手法尚可,但只要风云一变,手法立即失灵,弄得个"壶倾茶倒"。

在深圳的地产中介圈子里,蒋飞曾是一个鼎鼎有名的大腕。在没有卷款逃跑之前,蒋飞的经历甚至可以看成是一个典型的"励志哥"——外省青年通过自己的努力奋斗最终获得成功。

2007年11月13日,"全国房地产经纪百强企业"深圳中天置业评估公司在楼市颓势中资金链断裂,总裁蒋飞涉嫌卷巨款逃跑。中天置业评估有限公司在深圳拥有120余家房地产经纪分行,员工近2 000人,就在逃跑前不久,中天置业还获得"中国最具价值的深圳中介品牌"等称号。一夜之间,中天置业分崩离析。

蒋飞,1974年出生于四川省乐山市的农村。这个33岁的四川农民,在公司时常讲一句话:"我来深圳十年了,一直没离开房地产行业。只要你能坚持,就没有什么做不到的!"

早年蒋飞来深圳时,曾经有过睡公园的日子。1997年,他进入房地产中介行业,开始了在深圳的冒险之旅。起初,他在中百达、美联地产从事过中介服务。几年后,作为业务高手的他盘下了一个很小的铺面做房产中介。

这个仅有8平方米左右的铺面,给了蒋飞飞翔的平台。蒋飞的小铺面很快成了小房地产中介公司——中天置业评估有限公司,经营业务包括房地产经纪、评估、经济信息咨询。小公司在一系列眼花缭乱的运作下,很快变成了大公司。

2003年起,全国房地产市场的景气——特别是深圳房地产的火热,让蒋飞的生意非常火爆。为了做大企业,他疯狂扩张。短短几年,深圳和上海的分店就开到将近200家。没有足够的钱来铺摊子,他就挪用客户资金违规操作。中介公司参与房屋交易时,一般都要求购房者将首付款打入指定银行账户,进行资金监管。

等到国土房管部门登记、合同生效后,中介公司才会把房款付给卖方。由于当时监管不力,购房款在中介公司账户上都会停留一段时间。蒋飞利用收、付款的时间差,采取"三个茶壶两个盖"的办法,挪用这些资金,用于开设门店,甚至还拿去炒房、炒股,追求短期利润。

蒋飞的冒进,终于在2007年尝到了苦头。随着深圳房价的高烧暂退,从2007年7、8月开始,中介生意一落千丈。蒋飞的所有店铺每月亏损几百万元。勉强支撑了几个月后,蒋飞的资金链终于彻底断裂。他不得不卷走公司能收集到的一些钱,偷偷地一跑了之。

我们不妨假设:如果蒋飞当初不盲目扩张,不挪用客户资金,而是稳扎稳打,说不定能熬过那场房地产的冬天。而活过冬天,在来年的春天一定能大有作为——2009年之后的房地产又着实火了四五年。

小微企业冒进主要体现在以下几个方面：

1. 盲目追求发展速度

刚取得一点成绩就沾沾自喜，大干快上、迅速扩张，试图以快打慢迅速占领市场。这是不少初次创业者身上常见的毛病。

扩张是传播卓越。这个卓越不仅需要资金的硬实力，还需要人才、制度、文化的软实力。这些因素缺一不可。就像前面案例里谈及的老贾，才几个月的沉淀就梦想做快餐帝国，结果因为没有足够的支撑而轰然倒下。

我们都知道，亿万富翁史玉柱曾折戟于"巨人大厦"，在痛定思痛中，史玉柱做了深刻的反思与检讨。他在《我的四大失误》一文中，认为自己首要的失误是"盲目追求发展速度"。

2. 染指产业链上下游

有家做婚庆摄像的小型工作室，开业三年来发展不错。其业务大多是来自婚庆公司的二手单，也就是说利润大头被婚庆公司赚走了。老板小张是学摄影出身，通过与婚庆公司的三年接触，对婚庆公司的运作与利润也比较了解。于是，他打算延伸产业链，涉足婚庆全产业。

很快，他就筹集了50万元，开了一家婚庆公司，从策划到活动、拍摄，业务涵盖全流程。但很快他就尝到了苦果。

首先，因为知名度低，来咨询的人少。于是他加大了广告宣传力度，来咨询的人是多了，可因为策划人才匮乏，能打动客户拿到手的业务并不多。更要命的是，执行的几单业务也因为自己的经验欠缺而屡出岔子。不到三个月，小张的婚庆公司就声名狼藉、门可罗雀。而原本的拍摄业务也陷入了停滞，道理很简单，没有任何一家婚庆公司愿意将业务转包给自己的竞争对手。

小张的婚庆公司很快就倒闭了，他的摄像工作室也在坚持了几个月后宣告倒闭。

类似的例子还有很多。有做贸易做得出色的，涉足生产环节，梦想自产自销；有做配件的，涉足整机，试图攫取更大的利润。理论上，产业上下游延伸是做大做强的途径，但理论一定要联系实际，不能一个做纽扣的，一下子就涉足成衣。事实上，你专注做纽扣，未必比做成衣差。没有足够的能力，不要去抢别人饭碗里的食。

3. 蹩脚的"多元化"

多元化本来是大企业玩的招数，主要是为了提高企业的抗风险能力——不把鸡蛋装在一个篮子里。可有些小微企业主也喜欢四处出击，本来是做制造业的小老板，看见别人开饭店赚钱了，自己也开一家，有朋友鼓惑入股某个赚钱的项目，又挤出一些资金投入……

上述做法只会分散了精力，摊薄了资金，什么都做的结果就是什么也做不好，没有自己的核心竞争力。

实现专业一元化经营，是小微企业的首选。创业者应戒除"这山望见那山高"的思想，突出核心业务，走专业化发展之路，而且在产品技术与服务质量上多下功夫，并向中高端进攻。

总之，小微企业要长大并没有错，但并不是长得肥胖，也不是患上巨人症，而是要长得强壮健康，做到小而优、小而强。

不要理会那些说风凉话的人

不要理会那些说风凉话的人——这句话出自美国花旗集团首席财务长莎莉·库朗契克之口。作为全球商界赫赫有名的女强人，莎莉·库朗契克对于成功有着别样的感悟。

莎莉·库朗契克说自己孩童时期是"那种小孩"：满脸雀斑，戴牙套和眼镜。她若不是少年棒球队的最后人选，则一定是倒数第二。在莎莉的记忆中，有太多伤心往事。例如，有一次她终于打到球，兴奋地奔向一垒，半途眼镜掉了，必须折回去捡眼镜，否则将看不清路线。周围的同学肆意地大笑着，莎莉终于控制不住哭了起来。

莎莉想尽办法，试图取得同学的认可，但所有的努力似乎都没有用。为此，莎莉的情绪极度消沉。从那次棒球事件后，她的成绩从A退步到C。莎莉的妈妈知道她的心事后，用和大人讲话的口吻对她说："不要理会那些取笑你的女孩，她们专门说风凉话，站在旁边批评勇于尝试的人。"莎莉相信妈妈的话，再也不让说风凉话的人干扰她的意志。

一个普通人，却梦想通过创业来实现人生价值，无论如何谦卑做人与勤恳做事，总是难免更多地受到讥讽与嘲弄。这似乎是一个社会常态，因为一粒种子是没那么容易长大成材的。在你还孱弱时，无数大脚会有意无意地将你践踏。

就像俞敏洪所说的："人们可以踩过你，但是人们不会因为你的痛苦，而产生痛苦；人们不会因为你被踩了而来怜悯你。因为人们本身就没有看到你。"也许你会很不服气：为什么要践踏我啊，我是树啊，我是明天的栋梁之才啊。对不起，在你没有长大时，没有人来倾听你、相信你。

俞敏洪在成功前，被称为"北大最不应该成功的人"。对于他来说，过去所受到的所有伤，都是成功之后最荣耀的勋章。而对于失败者而言，过去的伤常常是一道隐痛。别理那些叽叽喳喳的闲言碎语，走自己的路，让别人去说吧——靠嘴巴是走不好路的。

当你还只是寻梦者时是不起眼的，就算你有经世之才——但又有几个伯乐呢？所以，你的梦想与追求，在有些人眼里与"癞蛤蟆想吃天鹅肉"差不多，都是不自量力，痴人说梦，总是会有人来打击你。一个人打击你或许没有什么，十个人打击你，有点动摇了吧，一百个人打击你呢？

根据研究，那些白手起家的成功者都有一种有趣的"免疫系统"——很强的心理承受能力，他们有一种后天获得的挫败恶意批评者过激言论的能力。这些成功者，总是漠视各种批评者和权威人物的负面评价。

有些白手起家的成功者甚至说，某些权威人物所作的贬低的评价对于他们最终取得成功起过一定的作用——锤炼、铸就了他们所需要的抵抗批评的抗体，坚定了他们的决心。

美国的史学家们对洛克菲勒所具有的百折不挠的品质给予了很高的评价："洛克菲勒不是一个寻常的人，如果让一个普通人来承受如此尖刻、恶毒的舆论压力，他必然会变得相当消极，甚至崩溃瓦解，然而，洛克菲勒却可以把这些外界的不利影响关在门外，依然全身心地投入他的垄断计划中，他不会因受挫而一蹶不振，在洛克菲勒的思想中不存在阻碍他实现理想的丝毫软弱。"

对大多数人来说，接受权威人士给出的负面评价是最大的不幸。许多人失败于智商测试、学习能力测试或其他测试，同时，这些人又愿意接受命运的安排，所以，他们甚至在达到法定选举年龄之前就已经投降了。

对他们来说，差的等级和其他低分自然而然地转化为后来在经济上的低效率。白手起家的成功者选择了另一条道路：他们就是不相信那些贬低他们，甚至是反复贬低他们的权威人士。有远见、有勇气、有胆量向老师、教授、业余批评和教育测试中心所给出的评价挑战。

一个人事业上的成功与他们如何对待批评者之间存在着联系。关于这一点，那些成功人士是怎么做的呢？他们大多数人要么对批评者不予理会，要么把批评当作一种激发他们取得成功的动力。

CHAPTER 9

第九章

创业者的自我提升

一个企业家要耐得住寂寞，耐得住诱惑，还要耐得住压力，耐得住冤枉，外练一层皮，内练一口气，这很重要。

——马云

当员工碰上困难时，可以对上级说：我无法完成任务，请您支援。但创业者不能说这句话。不仅不能请求别人支援，还需要去支援别人。把所有的困难都自己扛，这是创业者的使命。

作为创业者，需要做的决策很多。每一个决策都可能关心到公司的生死存亡。多数时候，创业者不能找下属商量，甚至不能找股东商量。

创业是一个心智历练的过程。一路走来，一路磨砺、学习、提升，成为最好的自己，成就最大的事业。

创业者的必备素质

1. 成功的信念

每个人都应该坚持自己的信念，实现自己的人生目标。不管是暴风骤雨还是急流险滩，都要咬紧牙关，义无反顾地朝着理想的航标前进。这种坚韧不拔的坚强意志，对于一个人的现在和未来都是非常重要的。

对于每个怀有创业梦想的人来说，最重要的是自己要有坚定不移的信心，有摧垮艰险的志气，再加上勤奋努力，吃苦耐劳，奋斗进取，自然会取得成功。

当然，成功的信念不是天生就有的，它需要时间和良好的方法来培养。

如果你心中有这样或那样的弱点，就可以给自己制定一个调整的计划，通过种种积极的方法，逐渐培养起成功的信念。这些方法包括：

（1）心理暗示法

成功学家希尔曾指出："信心是一种心理状态，可以用成功暗示法诱导出来……对你的潜意识重复地灌输正面和肯定的语气，是发展自信心最快的方式。"

当我们将一些正面、自信的语言反复暗示和灌输给我们的大脑潜意识时，这些正面的、自信的语言就会在我们的潜意识中根植下来。

比如，把"我要……""我能……"等句子写在纸条上。例如，把"我要成为一名企业家，我能成为一名企业家！"贴在镜子上或书桌上，天天念它几遍，对促进我们的成功信念一定会有帮助。

（2）寻找力量法

经常阅读成功人物的传记和成功励志的书籍，最能帮助我们找到勇气和力量，从而增强我们的信念。大凡成功人物都曾经历过信心不足、迷茫、挫折等打击锤炼，又经过成功的滋润。他们的成功故事最有启发意义。

阅读成功励志类书籍，更是运用许多例证，从各个角度分析成功的正确观念和态度，以及一些获取成功的思维方式。这对我们增强自信也极有好处。另外，如有条件，找一个有成功经验的人进行咨询，也是一种寻找力量的办法。

（3）自我分析法

①分析超脱。当你感到自卑，缺乏自信时，多方面分析原因。比如，家庭出身如何？从小到大的环境如何？受到的教育如何？是否缺乏亲友帮助？人生目标是什么？人生信念是什么？这样便能找到缺乏自信的原因。每个人所处环境的条件不同，追求目标也会不同，通过分析就不会因某一时、某一方面的不如人而失去信心。

将自己的人生放在一些大背景中去分析，更容易超脱。在整个世界、整个人类历史、整个国家、整个社会等大背景中，比你强的人有很多，但也一定会有人比你处境更差的。卡耐基引用一个故事说："当你担心没有鞋时，却有人没有脚。"从大背景进行分析，可以让我们从个人小圈子的局限中解脱出来，从自卑的情绪中超脱出来。超越了局限和自卑，你便能正确地肯定自己，从而树立自信心。

②列举成就。从小到大，每个人都会有许许多多、大大小小的成功案例，把它们统统列举出来，哪怕是一件很小的成绩也不要放过。比如，考上中学、考上大学；某科成绩开始不怎么好，后来赶上去了；当了学生干部，参赛获得好名次；学会骑自行车、摩托车；某次做生意成功了；某次交友成功了……花时间，仔细回顾，如数家珍似地一件件列举出来。看着这些成就，你可能会很惊讶，原来自己曾取得这么多成功。成功的体验使人信心倍增。

③反比优势。选一个年龄相仿的成功者作反比对象，列出自己的特长、爱好和才能，比如：打球、跑步、绘画、写作、外语、下棋、唱歌、跳舞、演讲、交际、某种技艺、吃苦耐劳的特性、硬骨头的创业精神、机灵、幽默……从自己的优势中找出对方不如你的项目。看到成功者有不如你的地方，你的自信心就会增强。

总之，只要对塑造信念的方法有正确的了解，采取行动不断充实自己的知识，提高自己的能力，弥补自己的不足，增强成功的体验，我们就能增强自己的信念。

2. 执行力

成功的创业者都应具有坚韧的毅力，他们在危机四伏或四面楚歌之际，表现出"挽狂澜于既倒，扶大厦之将倾"的英雄气概。美国人杰弗利·泰蒙斯在其《经营者的头脑》一书中说得好："真正的经营者不会被失败吓倒，他们在困境中发现了机会，而大部分人看到的只是障碍。"作为一个创业者，尤其需要勇于承受失败，并把失败化作再次奋起的动力。

坚韧的毅力主要表现为：

（1）坚持不懈

古人云："君子有恒，大事乃成。"这句话说明了只有坚持不懈才能成功的道理。

在当今创办一个企业，幻想一夜暴富，几乎成了流行和时尚。事实上，每年都有成千上万的企业开张营业，但不幸的是，只有少数企业能够生存下来，而大多数企业则半途倒闭关门。所以说，创业者在创业的过程中，必须要有坚持不懈的精神，经得起时间的磨炼和困难的考验，才能最终实现自己的梦想。

（2）百折不挠

有人说过："顺境的美德是节制，逆境的美德是坚韧，而后一种美德更为伟大。"充满传奇色彩的洛克菲勒也同样经历过挫折的打击，如果他在一次次失败之后决定放弃，那他就不会成为日后的"石油巨子"了。

创业的道路往往不是一帆风顺的，创业者面对挫折和困难，要以坚持不懈的精神和百折不挠的意志在困境中创造生机，在风险中抓住机遇，这样才可能成为一个真正能担当大任的出色企业家。

3. 竞争力

商场如战场，不进则退，这要求创业者必须具有强烈的竞争精神，才能在某个领域里兴旺发达起来。不论对个人的成长，还是对企业的发展来说，竞争都是一件好事。同对手进行的殊死搏斗有助于增强你的斗志，提高你的水平。保持强烈的竞争精神，在商战中永不言败，你将成为一位成功的创业者。

创业者不只需要有强烈的竞争精神，敢于竞争，还要懂得如何竞争，从哪些方面进行竞争。

（1）审时度势

在激烈的市场竞争中，每一个创业者都必须具有审时度势的能力。战场上，指挥员必须要预知战争的进程，及时调兵遣将，排兵布阵；商场上的创业者则要能够预测市场的发展趋势，及时调整生产经营项目，以求立于不败之地。

学会审时度势，可以使你眼前"吃得饱"，未来也"饿不着"，总是站在市场的前列，保证把有效的人力、物力和财力用到最适当、最需要的地方，从而获得最佳的经济效益。

（2）发挥自身优势

正如十个指头长短不同一样，每个人都有着自己的优缺点，但如能善于运用自身的优势，就能把不足转化为优点。

例如，发达国家大都早已进入机制食品阶段，然而我国仍然有许多食品是手工操作，这看似是劣势和不足，却包含着自己的优势，只是看你能否发挥了。像我国天南海北各具特色的民族风味食品，都是发达国家所没有的，许多中国人在海外正是靠经营这些食品站稳了脚跟，并获得更大的发展。

善于利用自身优势，发挥自身优势，在商业竞争中，就会使自己积极地转化劣势，从而立于不败之地。

（3）兵贵神速

社会竞争，人才济济，强手如林。当机会到来时，很多人都会发现，几个竞争对手一同向同一个目标进击。因此，面对竞争激烈的商战，要获得好的效益，一般来说都是以快取胜。只有比对手领先一步，迅速占领市场，才能够以新、奇来赢得用户，快速销售自己的商品。

在激烈的商业竞争中，机会极其宝贵，一旦失去，往往就不会再来；而机会的出现，却很偶然，它并不会永远不动地等在那里。有些机会存在的时间很短，稍纵即逝。为此，必须及时快速出击，不能耽搁，不能迟疑。

（4）出奇制胜

打仗讲究出奇制胜，在商业竞争中，更要讲究出奇制胜。现如今，人们的消费心理也日益趋向"稀奇""独特",稀为奇、少为贵的现象将越来越突出。所以,要想超出众人,出类拔萃,就必须有一点"绝招",那就是在"稀奇""独特"上下功夫。

每个创业者都应该学会并掌握出奇制胜的谋略,否则你就无法发现新路子,无法创造新项目,在一成不变中逐渐被淘汰。

(5)随机应变

在激烈的商业竞争中,新的情况、新的问题、意料之外的事,会不时地摆到创业者面前,这就要求创业者要懂得应变的谋略。在变化面前反应迟缓、不思变通的人,迟早要被竞争淘汰;只有能灵活调整,及时改变自己方针和策略的人,才能够成为一名优秀的竞争者。

(6)以优质取胜

随着商品经济不断发展,市场繁荣,消费者的购买心理也日趋成熟,他们舍得花高价钱购买优质实用的商品。像著名的茅台酒,虽然价格昂贵,但由于质量一流,仍然受到消费者的青睐。

小微企业主的五张脸谱

一个白手起家的创业者,需要备有如下五张脸谱:

1. 外交家

创业是一个与人打交道的事业,创业者时常要与顾客、供销渠道、代理机构、员工、政府机构、银行等接触交往,因此,善于处理人际关系是创业者必备的本领。

一个优秀的企业家,如同一个外交家般能平衡各种关系,能应对各种场合,能处理各种危机,能化解各种矛盾。

2. 观察家

五代时期的冯道在《仕赢学》中云："见不远必谋不深，谋不深而事难成。"这句话的意思是，看得不远，谋划就不会高深，谋划不高深，事情就很难成功。凡事总要超出别人一截，眼光总比别人放得远，才能步步得势，进而因势取利，水到渠成。

创业路上，创业者需要了解环境的变化和趋势，洞察企业文化、结构、运作、成员的细微变化，从而做出相应的变化。

3. 政委

创业团队里需要一个与"政委"类似的人，负责宣传企业文化、理念和目标，解释企业存在的目的、做什么和为什么要做，鼓动与激励大家齐心协力、奋勇向前。对于创业型团队来说，创业者是扮演这一角色的不二人选。

4. 培训师

团队里的成员分为四种：

（1）高技能、高态度；

（2）高技能、低态度；

（3）低技能、高态度；

（4）低技能、低态度。

对于第一类员工，管理者不用操什么心。对于第四类，管理者不必操什么心，因为操心也没有意义，辞退（劝退）是皆大欢喜的事。真正要操心的是第二类与第三类，他们身上有潜力可挖。

对于低技能、高态度的员工，创业者需要对其进行技术指点，让他在技能方面有所提高，不断改进。对于高技能、低态度的员工，上级需要用自身的态度去影响他，用自己对工作的热情、积极向上的态度去感染他。

5. 管家

创业者可以放手去开创他的新天地，而管家却可以让"家"里井井有条。

管家的角色是讲求实际的，如果没有管家就没有规则，没有秩序，也没有计划的可预见性。

在大企业，可以聘请各种层级的管理者来当管家。在小微企业，管家的角色只能落在企业主身上。

以上五个角色的成功扮演，按照企管大师彼德·德鲁克的话说："既需要有'才智'，又需要有'直觉'；既需要有'理性'，又需要有'感性'；既要善于在办公室中分析研究问题，得出'科学'结论，又要善于凭'经验'解决问题。"

由此可见，做创业者特别是做个卓越的创业者，需要长期的、大量的学习、借鉴、实践与反思，在一个又一个的压力与挑战之下百炼成钢。

卓越领导需要高情商

所谓情商，简单地说就是情绪智慧。情绪智慧高的人，能够有效地用自己的情绪去影响别人，让别人喜欢、拥护、追随自己。

在领导素质中，智商是基础，情商是升华。哈佛大学心理学博士丹尼尔·戈尔曼曾花了多年的时间，对188家大型的跨国公司进行了跟踪研究，结论是：高情商是成为卓越领导人的必要条件，而且职位越高，其情商在绩效中所起的作用就越大。丹尼尔·戈尔曼还将同一级别的管理人员做了对比研究，发现他们之间的差异有90%源于情商。

管理数十亿美元创投资金的熊晓鸽曾经说过："创业者的情商比智商更重要。"

唯有高情商者才适合创业。创业路上，创业者不仅仅要处理好与股东的关系，还有与管理层、员工、客户、合作伙伴——也许还包括家人的关系。

从利益到情感，都要一一捋顺摆平。

什么是适合创业的高情商呢？

1. 宠辱不惊

当别人打击你时不要垂头丧气，在别人夸奖你时不要忘乎所以。楚汉之争时，白手起家的刘邦打败了贵族后裔项羽。项羽这个人，动辄大怒、暴跳如雷，而刘邦则宠辱不惊。

甚至项羽威胁刘邦说要将其父煮了吃，刘邦也非常冷静。像项羽这种容易情绪起伏不定的人，成不了创业家。所以说，在任何环境、任何情形之下，都要保持一个清醒的头脑。

2. 认识自己

"认识你自己。"这是在希腊圣城德尔斐神殿上镌刻的一句著名箴言。认识自己的难度远远超过认识世界。要想做成一番事业，我们就必须对自己有一个正确的认识——你有哪些资源？你的长处在哪里？你的短板在何处？唯有对自己有一个客观清晰的认识，才能够在创业时扬长避短，一步步走向成功。

3. 自制力

自制力是控制、约束自己欲望和情绪的本领。著名的成功学家拿破仑·希尔说："一个人除非先控制了自己，否则他将无法控制别人。"有这样的一个案例：有一群科学家花了很长的时间做了这样一个测试，在幼儿园找来了几个小朋友，将糖果放在他们的面前，告诉他们老师有事出去一会儿，等老师回来后再一起分享糖果。

大人们都离开后，只剩下糖果和小朋友，由于离开的时间长，等大人们再次回来后，有的小朋友已经将糖果放在了嘴里，有的小朋友却看着那些诱人的糖果始终没有吃。后来经过二十几年的跟踪观察，那些没有吃糖果的小朋友长大后，比那些吃糖果的人要有更好的发展。通过这个故事，我们明白了这样一个道理：一个人要想有所作为，必须得有自制力，它对一个人的发展非常重要。

4. 自我激励

被尊称为互联网个人站长教父的蔡文胜曾经说，他从小就会激励自己，每当自己有一个长足的进步，他就会给自己买点东西奖励一下。蓝色光标与拉卡拉的创始人孙陶然说他自己也有这个习惯。

创业一路坎坷，高情商的人懂得自我激励，自我温暖，否则很难熬过漫漫冬夜。

5. 同理心

同理心，实际上就是换位思考，经常站在他人的角度看待问题。创业者需要一种能够走出自我，去体味他人感受的能力。

对外而言，有同理心的创业者能够更准确地预测、了解、达成顾客的需求。对内而言，同理心能实现上下级的和谐。这表现在很多非常细小的事情上，比如会为公司员工举办庆生会，或者平时和员工聚餐、聊天。这些细节能够让员工喜欢你，继而喜欢你的公司。

创业家都会讲故事

幻想有一天，你成了俞敏洪那样成功的创业家，会有人把你的故事翻拍成电影。如果你还没成功，这个故事就得自己来写。事实上，乔布斯也好，俞敏洪也罢，从创业开始至今，都没有停止过讲故事。

乔布斯在斯坦福大学做演讲时，只说了三个故事，却让台下听众如饮甘露。俞敏洪则说自己是"北大最不可能成功的人"，当年多么"土鳖"，多么不受女同学待见。

为什么创业者们那么钟情于讲故事？

因为讲故事的方式更容易被人接受，更能触动人的内心。故事能在你与听众之间，迅速建立一种情感上的联系。人们在听故事的时候会放松精神，享受其中的乐趣，并且会放下戒心。

《会讲才会赢》一书的作者彼得·古博曾讲道："数据、幻灯片或堆满数字的表格，并不能激发人们采取行动。打动人的是情感，而要使人们对你设置的议程产生情感联系，最好的方式便是以'很久以前'开头。"

作为世界十大最受尊敬的知识型领导、世界最出色的200位管理大师之一的斯蒂芬·丹宁曾这么说："经过多年的研究和实践，我发现讲故事能够达到多种目的，包括激发行动、展示自我、传播价值观、鼓励协作、消除谣言、分享知识和勾画未来等。"他享有"故事大王"的美誉，不仅善于讲故事，而且极力推崇领导者应通过讲故事的方法提高领导力。

诺尔·迪奇是美国密歇根商学院的教授、全球领导力项目主任、通用电气公司克罗顿韦尔领导力发展中心的前任主席，他归纳出创业者常用的三种故事类型。

第一类故事叫"我是谁"。通过讲述自己感人的经历和成功的经验，和下属进行心灵上的共鸣，并激发员工的积极性。

从小时候看父亲捡砖头，到苦哈哈的高考炼狱，再到北大"屌丝"的自卑寂寞，俞敏洪的故事总是给人启示，催人奋进。一次在谈到领导力时，他讲了一个有趣的故事：

"小时候我个子小，老有人打我，领导力是从分水果糖开始的。六姨从城里带来的水果糖，我就分给小朋友吃，他们就不打我了。后来改一个月分一次，一次一颗糖，他们就都听我的话了，我就成了小朋友的头儿，没人再敢欺负我。这些我把它全用在新东方的管理上了。我感觉我的领导力是在18岁以前就完成了。新东方现在有新股份就会分给员工和老师，因为有新的利益要学会跟别人分享。要团结大多数人和不和谐的声音做斗争。"

你是谁？你来自哪里？你有什么经历？你想干什么？通过了解"你"的故事，员工们不只把你视为一位上司，还会把你当作一个很好的朋友，愿意与你风雨同舟。

第二类故事是"我们是谁"。通过讲述"我们"的故事，激发团队协作精神，促使全体员工心往一处想，劲往一处使。

惠普公司在创建50周年之际，聘请专家在公司上下收集了100多个企业故事，其中《惠利特与门》流传最广：

惠利特是惠普公司的创办人之一，一天他发现通往储藏室的门被锁上了，于是惠利特把锁撬开，在门上留下了一张便条，上面写着"此门永远不再上锁"。

这个故事告诉所有惠普人：惠普是重视互信的企业。说"我们是谁"的故事，能够增强团队凝聚力。

第三类故事是"我们向何处去"。通过描述美好未来，勾画现实和梦想的差距，激发公司员工实现梦想的热情。

福特汽车曾经改变了美国乃至全世界的生活方式，其创始人亨利·福特在这一过程中最喜欢讲的故事是"使每一个人都拥有一辆汽车"：

有一天，我开车经过底特律市郊，看到路边一位车主正为抛锚的福特车苦恼。于是，我下车去帮忙，很快就把车子的问题解决了。

车主看见车子修好了，很高兴，立刻从身上掏出五美元给我。他说："拿去买包雪茄吧！"

我说："我不缺钱，我很乐意帮你把车修好！"

没想到车主指着我的座驾，笑着说："别吹牛了，你要是不缺钱，何必像我一样开着福特车到处跑呢？"

我听了，并不觉得生气。因为我最大的梦想就是要让美国人都买得起车——哪怕他并不富有。

这则有趣的小故事，幽默、谦卑却有力地传达了福特的梦想。就像《梦想的力量》里所唱的："那梦想给予力量，让我变得更坚强。眼中的光芒充满了希望，是对未来的渴望……不断挑战自己，再大风雨都不能停。攀最高的山顶才有最美的风景！"

相信不少人都在"谭木匠"专卖店里买过梳子，不知道大家注意过没有，在每一家专卖店里都工整地装裱着这样一段"家史"：

我的曾祖父是一位知名的木匠，小有家业。由于爷爷沾上鸦片和赌博，把整个家业输得一干二净，在万般无奈的情况下，年轻美貌的奶奶只好求保长将爷爷抓去当壮丁。

寒冬腊月，我的爷爷被绑在家乡桥头的木柱上，光着脚丫，衣衫褴褛，奶奶让年仅十二岁的父亲送了一大碗肉饭去喂爷爷，爷爷边吃边破口大骂奶奶没良心。两年以后，爷爷战死在长沙，奶奶也一直守寡到死。父亲含恨学艺，成了一个好木匠。

我长大以后一直想当诗人、画家，由于我的天真和浪漫，付出了惨重的代价，几近饿死街头，天意不可违，我仍然还是做木匠的命。

从这段短小精炼的文字里，我们看到了一个家族的传奇：祖传的古老技艺、浪荡的富家公子、追梦的少年、无奈的命运等，构成了一幅奇妙的图画。图画的用色有些传统的苍凉宿命，但细细品味又不乏坚毅刚强。

"谭木匠"的"家史"，用一种文化的方式，达到了普通广告无法传播的深度。它轻而易举地让人记住"谭木匠"这三个字，并产生了好感。它的梳子的确比较贵，但对于一个被打动或感动的顾客，谁会过于计较价格呢？

要想讲好你的故事，不妨从以下三点着手：

1. 充实故事库

有句老话叫"熟读唐诗三百首，不会作诗也会吟"。讲故事也是如此，先从熟读故事入手。

如果你的大脑里装了很多故事，需要时就可以信手拈来。慢慢地，你就能自己改编与创作故事了。

怎么才能记得住呢？博闻强记的林肯告诉我们一个方法，那就是读书时高声朗诵。他说："当我高声诵读时有两种功能在工作，第一，我看见了我所读的是什么；第二，我的耳朵也听见了我所读的是什么。因此，我可以容易记忆。"

2. 让思想契合理念

这里所说的思想是故事的中心思想，理念是指领导所要宣扬的理念。领导讲故事往往具有很强的目的性，希望引导和促进员工朝自己希望的方向转变。因此，故事的中心思想要与宣扬的理念高度契合，不能不搭界，更不可有冲突。

至于那些无厘头的段子、花边新闻，闲谈时博人一笑尚可，在正式或半正式的会议、谈话中就要慎说了。

3. 故事要生动有趣

同样一则故事，有的人讲得生动有趣，有的人却讲得干巴巴的。前者让听众兴致盎然，后者让听众感觉索然无味。

要把故事讲得生动有趣，除了选择或编写有意义的、情节生动的故事之外，还要重视语言表达的技巧。譬如，如何用生动的语言讲好故事的引子，如何用巧妙的语言设下悬念，牵动听众的心，如何做精彩的描述并配合肢体语言，把人物的神采风貌栩栩如生地再现于听众眼前等。这类技巧，可以向别人学习，多收听广播，或多读报刊上连载小说，从中得到借鉴或启发。

管理好时间，提升做事效率

从开始创业的那一天起，你是不是就感觉每天都被事情赶着走，时间根本不够用？

感觉时间不够用是正常的，但每天都被事情赶着走是不正常的。创业头几年想做甩手掌柜完全没有可能，除非你不想成功。事实上，很多成功的创业家仍是处于一种忙累的状态——尽管企业有了健全的管理体系，有各式各样的管理精英帮他们分担任务。

对于小微企业创业者而言，很多事情都需要亲力亲为，计划外的临时性事件也比较多，经常是手头的事情没办完，一个新的事情又冒出来等着去处理，然后又冒出来一个事情……各种大大小小、或紧急或重要的事情如火警一样此起彼伏，导致创业者如同消防员一样疲于灭火。

在西方，管理学者对"救火"式管理有一个很形象的说法，那就是这个负责人"被烧焦了"。我相信"失火"一定是很紧急的事情，但问题是如果创业者总是在当"消防员"，总是在不停地处理突发事件，而没有充裕的时间与精力去做消防检查，就会陷入"救火→失火→再救火"这种永无休止的恶性循环。

小微企业创业者要学会根据事情的轻重缓急来安排工作，以打破这种循环之中。

以下是不少创业者做事的习惯，比照一下你是不是也是这样。

（1）先做喜欢做的事，后做不喜欢做的事；

（2）先做熟悉的事，后做不熟悉的事；

（3）先做容易的做，后做困难的事；

（4）先做耗费时间少的事，后做耗费时间多的事；

（5）先处理资料齐备的事，后处理资料不全的事；

（6）先做已排定时间的事，后做未排定时间的事；

（7）先做经过筹划的事，后做未经筹划的事；

（8）先做紧急的事，后做不紧要的事；

（9）先做有趣的事，后做无趣的事；

（10）先做已经开始做了的事，后做还没开始做的事；

（11）先做上级吩咐的事，后做其他人拜托的事。

这11个常见的做事习惯，都不是科学的做事方式。美国伯利恒钢铁公司总裁查理斯·舒瓦普，苦于每天在烦琐事务中挣扎、迷失，于是向效率专家艾维·利请教"如何更好地执行计划"的方法——

艾维·利说："不要紧，我可以在10分钟内就给你一样东西，这东西能将你从事物中解脱出来，并让你的公司提高50%的营业额。"

在舒瓦普怀疑的注视下，艾维·利递给了他一张空白纸，说："请在这张纸上写下你明天要做的6件最重要的事。"

舒瓦普用了5分钟写完。

艾维·利接着说："现在用数字标明每件事情对于你和你的公司的重要性次序。"

这又花了5分钟。

艾维·利说："好了，把这张纸放进口袋，明天早上第一件事是把纸条拿出来，做第一项最重要的。不要看其他的，只是第一项。着手办第一件事，直至完成为止。然后用同样的方法对待第二项、第三项……直到你下班为止。如果只做完第一件事，那不要紧，你总是在做最重要的事情。"

艾维·利最后说："每一天都要这样做——您刚才看见了，只用10分钟时间——你对这种方法的价值深信不疑之后，叫你公司的其他人也这样干。这个试验你爱做多久就做多久,然后给我寄支票来,你认为值多少就给我多少。"

一个月之后,舒瓦普给艾维·利寄去一张2.5万美元的支票,还有一封信。信中说,那是他一生中最有价值的一课。

5年之后,这个当年不为人知的小钢铁厂一跃成为世界上最大的独立钢铁厂。人们普遍认为,艾维·利提出的技巧功不可没。

这个价值不可估量的小技巧,现在你可以免费使用。

下面我们总结出几条非常有效的时间管理方法,可以帮助你妥善地安排时间、有序地解决问题,以提升时间的利用率与单位产出。

1. 写下当天的任务单

先记住一条铁则:重要又紧急的事先做,重要不紧急的事后做,其他事尽量交付下属做。在这条铁则的指引下,按照事情的轻重,制作当天的工作任务单,重要的写前面,依次列出。

有些任务需要很多天才能完成,那么可以拆分成可衡量的进度,比如,总任务是拿下一个大单,今天的任务是制作标书。要将任务单摆在桌子显眼处,不断提醒自己集中注意力。

2. 精确时间分配

任务单上要写清楚各项工作完成的时间(如11点半前),而不是五六项工作统统是"今天"完成。精确时间分配的好处在于:时时提醒自己赶进度,不会拖延到下班时才发现一事无成,结果又是加班到深夜。

分配时间后,万一某件事因为意外状况而出现拖延,那么在后面的工作中尽量补回时间。如11点半应该完成的会议因为客观原因拖到12点半,那么下一个工作任务就需要尽量加快,以抢回"丢失"的时间,尽量让工作回到既定的时间轨道上来。

3. 利用好时间碎片

任务安排、时间分配再科学合理，也难免被各种意外打乱。特别是处于创业期的企业，要想做到大企业那样按部就班是不现实的。本来说好了9点半与甲方见面，去了发现甲方正忙，前台小姐要求你在会客区稍等。这一等，短则几分钟，长则几小时。

在工作过程中，类似于等人、等车、坐车之类的被称为"时间碎片"，创业者可以利用这些碎片来做事。

有一回李开复和同事一起出差，他们都很困惑：为什么他和大家整天在一起，还有时间回复所有的电子邮件？后来，同事们发现，当他们在候机室、汽车上聊天、读杂志和发呆的时候，李开复就把电子邮件全回了。李开复说："重点是，无论自己忙还是不忙，你要把那些可以利用时间碎片做的事先准备好，到你有空闲的时候有计划地拿出来做。"

4. 把QQ等设置成离线或者正在工作的状态

最好把网络即时通讯软件设置成离线或者正在工作的状态，这样对方就会改成给你发邮件或者在你不忙的时候找你。另外，关闭不需要的程序也可以帮助你集中精力。

5. 私人电话长话短说

"有事吗？好的，知道了。再见！"试试用这三句话应付私人电话。如果对方还在喋喋不休，可以说："我现在在上班，有空咱们再聊。"

6. 清理电脑收藏夹

打开你电脑里的收藏夹，是不是有你的微博地址，感兴趣的论坛地址，常逛的购物网站？删除它们。下班回家再去浏览。

实现个人的可持续性发展

纵观当今创业界的一干大佬，你会发现绝大多数都只是"中人之姿"，并没有哪个在智力上有什么出类拔萃之处。这些成功者有一个共同之处，就是都非常善于学习。

波司登的老板高德康原本是一个裁缝，他组织了一个缝纫组，从代工起步做到中国羽绒服第一品牌。高德康说他从创业开始，就不停地学习。为了一些想不明白的问题，他还特意跑到北大、清华上了一年学。

他说："我总是在听人家讲课，听了以后抓住要害，再在实践中去检验，到最后看结果，看到底是不是真的。"高德康只有小学文化，而他现在最大的爱好是看书："时间再紧张，学习也不能马虎。

"平时很少有时间去看书，有的时候在飞机上看看。在这种学习时间很少的情况下，每个月一定要集中三天时间。集中三天学了之后，把自己的思路理顺。作为一个领导来说，不一定整天忙得不得了的领导就是好领导，你必须把思路理顺，有一种思维的状态来考虑这个企业的发展。"

创业者的知识分为政策基础知识和创业专业知识。

1. 政策基础知识

包括政府制定的相关政策、法规、方针，例如《公司法》《劳动法》，以及各级政府专门针对小微企业颁布的各项鼓励性政策。

并非要求你像律师那样专业，但你至少要有一个大致的认识，并随时根据实际运用查找相关法规，以保证企业的所有活动都合法（最容易违反的是

《劳动法》），同时尽量利用政府对小微企业的政策倾斜，争取更多的费用减免、税收优惠、直补、低息（无息）贷款等优惠。

2. 创业专业知识

包括你所创业的行业的专业知识。例如特种养殖，你对这个行业的认识越深越好，对养殖的技术了解越透彻越好。小微企业不像大企业，难以雇用技术专家来负责技术层面的问题，也很难留住高技术人才。

因此在创业之初，创业者往往就是"技术专家"。需要指出的是，当今时代，技术的进步可谓日新月异，这就要求创业者要持续关注行业动态，随时更新自己的知识。此外，创业者还需要学习一定的企业经营管理知识，比如，如何定年度目标？怎么制定计划？组织框架如何定？等等。

实际上，本书所涉及的都是创业者需要学习的企业经营管理知识。这些知识需要持续学习，并联系实际，边学边做，边做边学，理论联系实际，活到老学到老。

近年来，我们常常听到"可持续性发展"这个词，人们也逐渐认识到可持续性发展的重要性。据鲁冠球身边的员工透露，鲁冠球每天阅读的信息量大约有四五万字。鲁冠球本人几乎从不上网，但他要求秘书每天在网上收集资讯，打印成厚厚的材料，经其阅读学习后，他还会选择重要的部分发给董事局成员。

在创业的路上，我们也应该要求自己做到可持续性发展。而终身学习正是实现"可持续性发展"的重要前提。知识和才干的增长，不是一朝一夕的事，只有养成每天学习的习惯，才会有不菲的收获。

通过自省保持头脑清醒

创业是一个不断摸索前行的过程，创业者在此过程中难免走错路、做错事。而反省，正是认识错误、改正错误的前提。对创业者来说，反省的过程就是提升自己的过程。有没有自我反省的能力，具不具备自我反省的精神，决定了创业者能不能认识到自己所犯的错误，能不能改正所犯的错误，是否能够不断提升自己。

李嘉诚在谈到自己的成功秘诀时，不止一次地强调"反思"的重要性。他说："人生不同的阶段中，要经常反思自问，我有什么心愿？我有宏伟的梦想，但我懂不懂什么是有节制的热情？我有与命运拼搏的决心，但我有没有面对恐惧的勇气？我有信心、有机会，但有没有智慧？我自信能力过人，但有没有面对顺境、逆境都可以恰如其分行事的心力？"

每个人，不管是天赋异禀还是资质平平，不管是出身高贵还是出身贫贱，都应该学会自我反思、反省。"大多数人想改造这个世界，却极少有人想改造自己。"伟大睿智的列夫·托尔斯泰如是说。

学者南怀瑾说："曾国藩一生共有十三套学问，但流传后世的只有一套，即《曾国藩家书》。"如果我们细读《曾国藩家书》，就会发现其中除了对晚辈的教诲外，曾氏自省的文字比比皆是。在万通，冯仑将公司成立纪念日定为"反省日"。每年一到公司纪念日，大家都要检讨自己。

古之先贤孟子早就指出："故天将降大任于斯人也，必先苦其心志，劳其筋骨，饿其体肤，空乏其身，行拂乱其所为，所以动心忍性，曾（增）益其所不能。"草根创业，是老天赋予创业者的大任，做这件事，必先让创业者伤透脑筋，还要付诸行动，使他们累得要死，甚至不给他们钱，以至于他们连饭都吃不上，不让他们一帆风顺，以这样的方法来锤炼他们的意志，坚定他们的性格，才能增加他们创业成功的可能。

孟子在说了上面的话后，紧接着补充了一句"人恒过，然后能改"。意思是人经常犯错，犯了过错，肯反省，检讨自己，然后才能改正。改过来了，才会"困于心，衡于虑，而后作"。心里头受到痛苦的压迫，开始学会冷静的思考与衡量，再起来的话就能够做一番大事。

对于创业者来说，遭遇挫折时再反省远远不够，最好做到像曾子所说的"吾日三省吾身"。"三省"的"三"是虚词，意思是"多多、常常"。唯有多自省，才能保持清醒。